小学六年学級経営
教師の成長は子供と共に

学芸みらい教育新書⑬

向山洋一
Mukoyama Yoichi

学芸みらい社

まえがき

　私が初めて六年生を担任したのは、新卒四年目の時であった。四月のある日、朝礼は体育館で開かれた。六年生は四クラスであった。六年生は早くに整列して他の学年を待つ格好になった。その時、学年主任の小出先生が、子供たち何人かに声をかけた。子供たちは、体育館の階段を上がり、二階の窓を次々に開けていった。

　私はこのとき、六年担任の心構えを見せてもらった気がした。

　六年生は小学校の最上級生である。学校で行われる行事や様々な活動の常に中心になる。

　学校全体の動きの中心になるのだ。この仕事がきちんとできてこそ、一人前の六年担任である。自分のクラスのことだけをしている人は、六年担任としては力不足なのである。クラスのことも行い、学校全体のことにも率先して取り組んでいかねばならない。月曜朝会のとき、体育館の窓を開けることもその一つの例である。

こうしたことを気負いなく、さっと果たしていく目配り、気配りが六年担任には必要である。

六年生は、卒業めがけてまっしぐらである。

小学校として、一人一人の子供たちを育て、六年間の学習内容を身に付けさせておくべきことが、六年担任の双肩にかかってくる。知的な面を伸ばすことはもとより、様々な場面を乗り越えていく力を付けていかねばならない。また、六年生は六年生らしい高度なトラブルも生じる。低学年・中学年とはまた異なった事件が発生する。しかし、そのようなトラブルや事件が、子供たちにとっても大切な教育の場になるのである。

力ずくで抑えてはいけないし、放任してもいけない。そうすることで、後で必ず大きなリアクションが起こってしまう。誠実に、知的に、そして包み込むように優しく対応していかねばならない。

本書では、学級を組織することから始まって、日記指導、行事指導、トラブル・事件との対応、卒業時期までの活動など、六年生担任としての基本的な事柄をまとめた。原型は、学級経営シリーズであるが、そのときはおよそ原稿用紙九〇〇枚分であった実践を、削りに削って半分以下の枚数にして編集したものであった。

けれども、前回の新書シリーズでは、さらにそれから絞り込んでいった。なかでもドラマとして編集したい特筆すべき内容が三つあった。「七時間の学級総会」「運営委員会選挙廃止」「向山洋一は差別をしているか」の事件である。しかし紙幅の関係もあり、検討の結果、高学年に起こりがちな内容として選挙と差別の事件を掲載して、六年担任に役立つように構成した。

そして今回の新版を編集するにあたっては、内容や表現を現在の時点に改める部分は加筆訂正し、また入れ替えなど種々配慮を試みている。どれも六年の実践ではあるが、時期の異なる内容もあることをご了承願いたい。

読者の方々が素晴らしい学級をつくり、卒業させていくことを心から願っている。

目次

第6章 向山洋一は差別をしているか 125

第1章

学級を組織する

1 「リーダー」はじゃんけんで

子供がグループで活動する時、その中心になる子が必要である。「活動の中心」はふつう優等生とか人気者がなる。しかし教育の場なら、そこをすべての子に経験させたいものだ。

小学校教育のある部分を論ずる時に、固定的な響きのある「リーダー」という用語を使う人がいる。たとえば「リーダーの素質がある」「リーダーの役割を与える」というようにである。

私はこの「リーダー」という言葉が嫌いである。教師になってから、書き物の中にこの用語を使った覚えがない。もちろんこれは、言葉に責任があるわけではない。「リーダーの素質がある」という表現をもたらすような「教育方法」が、私は嫌いなのである。おそらくは「リーダー」を必要とする「教育方法」の裏にある「教育観」も、また私は好きになれないように思える。

私は、自分だけが正しいと思って書いているのではない。私は「教育方法」の多様性も「教育観」の多様性も、かなり積極的に認める方である。たとえば、教室にゴミが落ちているとする。それをどう指導するかは、いろいろな方法がある。

学級会で話し合わせるのも一つの方法だろう。

教師が黙って拾うのも一つの方法だろう。

誰かに拾わせるのも一つの方法だろう。

そのままにしておくのも一つの方法だろう。

いろいろな方法がある。どれが一番よいかは言い得ないのである。「どれでもよい」と言うほかはない。

だから「リーダー」を必要とする学級経営についても、私はわるいと言っているのではない。嫌いだと言っているのである。

学級経営の分野は、いくつにも分けられるが(ある研究会で私たちが分析したら一二に分けられた)、大まかに分けると次の四つである。

① 子供を理解する。
② 学級の体制をつくる。
③ なにごとかに取り組む。
④ 学級集団をつくる。

「リーダー」は、この中の②と③で重要な役割をするわけである。たとえば、集会係の子が「のど自慢大会」に取り組む場合、「リーダー」はその中心になる。つまり「組織的活動」において、「組織」を動かすにしても「活動」をするにしても、その責任者が重要な役割を果たすわけである。トラブルがなく「組織」を動かし「活動」をするためには、責任者は力がある方がよい。「リーダー」はかくして重視されるわけである。

ところが私は、トラブルがあった方がよいと考える。学校は教育の場なのである。生産性を向上させるようなシステムを、子供の中に作らなくてよいと考えている。教育の場である以上、子供が最も成長する場に全員をつかせたいと思っている。「組織」を動かし「活動」をすることにおいて、最も成長する場とは何か？　もちろん、責任者の位置、リーダーの位置である。

だから私は、「責任者」の位置は、本人が希望すれば、他のいかなる条件も付加されないでなれるようにしておいた方がよいと考える。それゆえ、教師になってこれまで、いわゆる「リーダー」の選出は、すべて「クジ」か「じゃんけん」で決めた。それのみか、読書感想文コンクールへの応募なども「クジ」か「じゃんけん」であった。「その子の個性に合った指導をする」という言葉は、一見もっともらしいが、ほとんどの場合は「能力の低い子をさらに低い位置に置きざりにする指導」であるように思える。

もちろん私にも「能力の低い子を置きざりにしてしまう指導」もあると思う。しかし「教育の原理」としては、そうならないように心掛けているつもりである。固定的な「リーダー」に寄りかかる指導は、「置きざりにしてしまう指導」になる可能性が大きい。（なおこの実践は、「全国教研生活指導分科会」に東京代表として報告したことがある。）

2　学級を組織する

六年の出発に当たって、学級を組織する。私の学級の組織は、毎年少しずつ変化する。学校が変わったり、子供が変わったりすれば、それに対応せざるを得ない。千編一律同じように組織するなど異常である。

組織とは、組織する内容があって初めて必要となる。集団の目標・方向を具体化するために、目的別に細分化された小集団の集合体が組織なのである。集団の目標・方向が異なれば、組織は異なる。集団の目標・方向は、集団を構成する人間が異なればちがってくる。

私の学級組織の原型は、第一回の六年生を担任した一九七一年の実践に見ることができる。この年の実践は、東京都の代表として、全国教研生活指導分科会に報告したものである。その時の学級学習・自治組織図を次ページに示しておく。

学級は次のように組織されている。なお、組織図・注意書きは、一九七一年に発表した時のままである。

〈学級学習・自治組織図〉

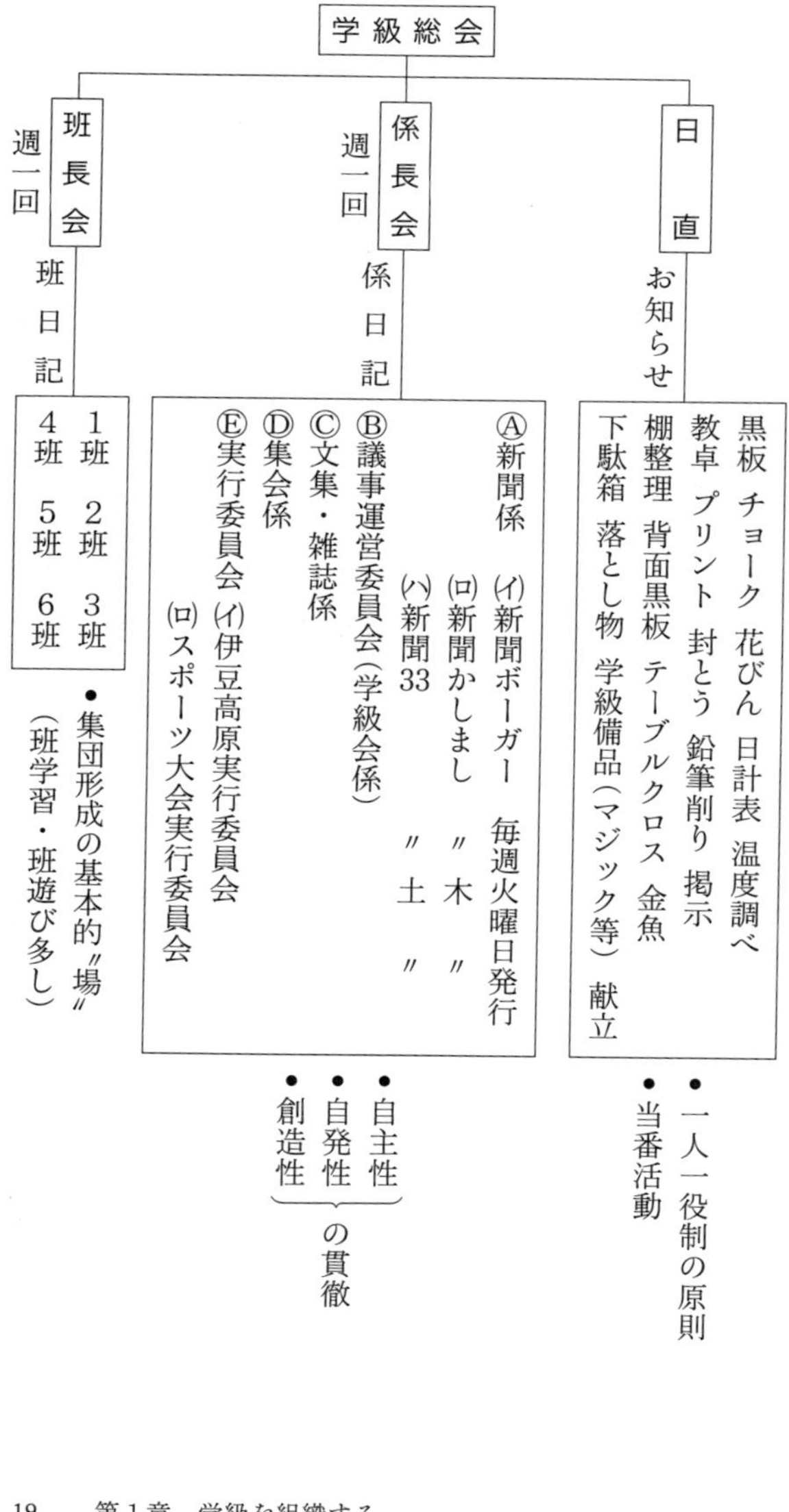
学級総会
日直
お知らせ
黒板 チョーク 花びん 日計表 温度調べ
教卓 プリント 封とう 鉛筆削り 掲示
棚整理 背面黒板 テーブルクロス 金魚
下駄箱 落とし物 学級備品（マジック等） 献立
・一人一役制の原則
・当番活動
係長会
週一回
係日記
Ⓐ新聞係 (イ)新聞ボーガー 毎週火曜日発行
(ロ)新聞かしまし 〃木〃
(ハ)新聞33 〃土〃
Ⓑ議事運営委員会（学級会係）
Ⓒ文集・雑誌係
Ⓓ集会係
Ⓔ実行委員会 (イ)伊豆高原実行委員会
(ロ)スポーツ大会実行委員会
・自主性
・自発性
・創造性
の貫徹
班長会
週一回
班日記
1班 2班 3班
4班 5班 6班
・集団形成の基本的〝場〟
（班学習・班遊び多し）

〈研究班〉

記録ノート

①人類の発生と先史時代（五人）
②戦国時代の戦闘史（四人）
③漢字のでき方と文字の誕生（五人）
④数の種類（三人）
⑤プランクトンの一生（三人）
⑥ドイツ古典派音楽家の生涯（五人）
⑦オリンピックの歴史と記録（四人）
⑧さむらいの発生と源平の戦い（二人）
⑨絵画法の流れ（四人）
⑩金魚の一生（二人）
⑪アフリカ諸国の生活（二人）

〈注意〉

1　研究題目は自由。
2　一年間継続可能なもの。
3　研究方法を設定できるもの（すでに大使館等へ電話で問い合わせするも

のあり）。

4　発表会は数回持つ。

5　最後はレポートにまとめる。

6　記録は詳細に残す。

〈注意事項〉

1　当番活動と係活動を明確に分離する。分離の基準は児童の自主性、自発性、創造性が保障できるかどうかにおく。

2　日直はその日一日の全責任を持ち、当番活動に含まれぬ仕事もする。（机の整頓など）

3　係活動は1を満足させられ、かつ常時活動可能なものとする。活動の場、方法を完全に与える。

4　班は日常生活の基本単位とし、内的集団形成の場とする。

5　班長、係長の兼任はしない。

〈週予定表〉

	月	火	水	木	金	土
朝（一五分間）	（朝　礼）	班会議	各班から連絡	係より報告	班会議	週目標について
帰（一〇分間）	A議運	B班長会	C集会	班より	反省・討議	
放課後	班長会議 係長会	（班活動）	（係活動）	（班活動）	（係活動）	

6　班長、係長は立候補演説をともなう立候補とする。ない場合は空白のままにする。多数立候補した場合はじゃんけんとし選挙はしない。（誰に対してもなれるチャンスを平等完全に保障する。）

7　対面式のあいさつ　臨時実行委員等も6に準じる。（実行委員は私案の提出を求める。）

8　週予定表の帰りの一〇分間は議運、班長会、集会が運営し、やることは自由とする。

『一九七一・四・二〇　大四小の児童活動』

なお、大森第四小学校には、学級委員は存在しなかった。代わりに、各クラスに四名の代表がいて、毎月交代する輪番制であった。

調布大塚小学校には学級委員が存在する。私が児童活動を担当していた時に「選出方法は各学級にまかされる」という方針を、職員会議で可決した。したがって、私はすべて立候補によるじゃんけんで選出した。なお、立候補の時は、方針を示すことが唯一の条件であった。この「方針を示す」ことがあるから、「立候補じゃんけん」システムは成長を保障されるのである。

3　子供の世界は広がる　——どんなときにも子供は子供らしい動きをしている

教室移動をして、荷物を整理した。いつものことだが、段ボール三〇箱近い世帯を移動するのは大変である。資料やら学級通信やら作品やらがたまっているからだ。

新しい教室の廊下側には便所があって少し暗く感じる。保健室へ行って、昨年度の照度検査の結果を見せてもらう。晴れた日でも廊下側の一列は基準以下、雨の日はすべて基準以下であった。机の配置を六列にして校庭側に寄せて並べ、廊下側は広く空けるほかはない。

始業式の日、男の子が二人、四月四日付の毎日新聞を持ってきた。

四五三キロの一筆がき乗車の記録が写真入りで載っていた。

毎日新聞の記事によれば、中学生が一足早く新記録を作ったとある。しかし、実はそれよりも早く、一年前にこの子を含めて私のクラスの七名は新記録を作っていたのである。

しかし、小学生の悲しさ、新聞社などへ知らせるということを思いつかず、しばらくして中学生の記事が出てしまったのである。だから、未公認記録と公認小学生記録を持ったということになる。私の学区域は、田園調布一丁目、調布大塚町などが中心であるが、一人で旅を経験させる家庭も多い。

4　教師のあだ名も変わる

新学期早々だが、あだ名が「タヌキ」から「ゼミナールの先生」に変わった。タヌキとは、子供がおみやげに持ってきた焼酎のトックリを手にしたところたちどころについたものである。一部では、出腹太目、愚鈍無能の容姿才能の必然的帰結だという説もあるが、私は信じない。ところでゼミナールの先生というのは、当時NHKの「クイズ面白ゼミナール」の教科書問題の作成委員をやっていて、番組最後のテロップに私の名が出るからであった。

何でも、二千数百万人の人がこの番組を見ている勘定になるらしく、その中の何十名かが私の学校の児童になるわけである。

この番組の教科書問題作成委員は六名で構成されていた。そのうち四名は、NHK学校放送の各教科の責任者みたいな、主みたいな先生である。若いところで(?)私が入り、私の友人の小川氏も入っていた。小川氏は東京学芸大学の附属小の教師であったが、わざわざ東京都の試験を受けて附属小を辞めてしまった、ちょっと変わり者である(本人は、それが当然と言っている)。

作成会議にはこの六名と局の人が一〇人くらい出席する。「連想ゲーム」「ホントにホント」の制作チームの面々である。つまり、ＮＨＫのクイズ番組の専門家なのだ。他に、放送作家が二名ほどいて、この人たちがまた、めちゃくちゃに物知りなのである。たとえば、ある先生が「植物の名前で一番短い名前と長い名前はクイズにどうかな」と持ってきたのだが、聞いたところたちどころに答えてしまった。この会議では、通常のクイズ問題はすぐに答えが出てしまう。

この番組のおかげで、教科書という教科書すべてに目を通した。

この番組には問題作成の基準みたいなものがある。知っていれば答えられるというのはまず出さない。常識的に考えてこうなるだろうというのも出さない。「オタマジャクシに歯があるか」などという、面白いけど発展性のないものは出さない。そして、できれば実験などで証明できるものがいい。よく考えてみれば、これは、授業の基本なのである。できない子でも食い付くことができ、できる子でもひっかかり、そのくせ大切な問題というわけである。しかも、できたら実験できるという条件がついている。

こんな問題はめったにあるものではない。教科書を何百冊も引っ繰り返したが、すぐにネタが底をついてしまう。何しろ、毎日一人が二〇問近い問題を作って集まり、それが山のようにたまっていくのである。一番よいのは、授業の発展としてやる問題である。たとえば、小川氏が授業をやったばかりなのだがと言って、「五〇パーセント食塩水の上に、静かに二〇パーセント食塩水をそそぐとどうなるか」という問題を出した。よい授業の中で生まれた問題が、やはり使い道があるのである。

廊下を歩いていると子供が声をかけてきた。「先生、来週の問題教えてよ。お母さんをびっくりさせちゃうんだ。」私は、その子に、そっと問題を教えてやった。

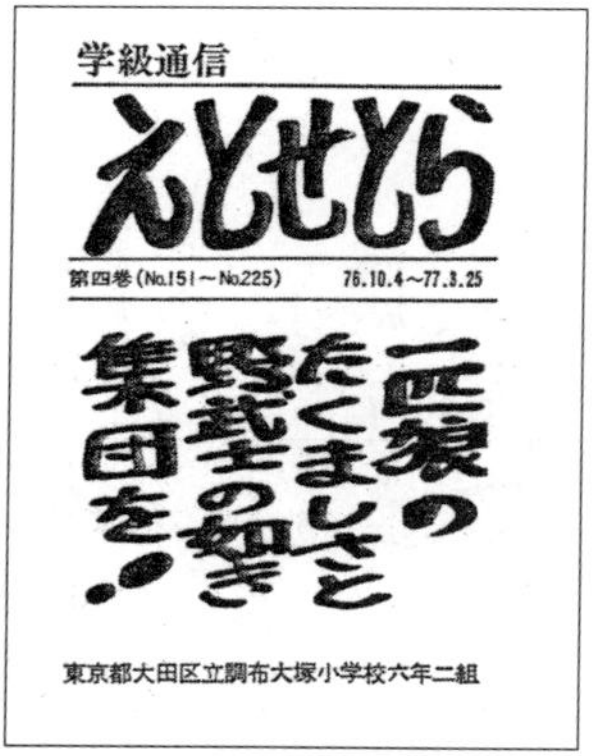

私は、のびやかでエネルギーに満ちた教室を作りたいと思ってきた。教室における私の目標は、学級通信の合本にも印刷した上記の言葉である。

そしてまた、私のクラスの文集に子供が書いた表紙を示しておく。活動的で動きまわる子供たち、一人海の中でおぼれかけている私、子供一人一人の個性がよく表現されている。

六ー三
向山学級
テスト

第2章

日記を書かせる

1　日記を書かせる

(1) 日記指導の三段階

子供たちに毎日、日記を書かせている。もちろん、毎日書くから日記なのだが、中にはそうでもない子もいる。

日記は月曜日に提出させる。赤ペンを入れてその日のうちに返す。赤ペンを入れるのは、二時間続きの専科の時間である。私の学校は、理科・図工・音楽が専科である。その時間で書けるだけの返事しか書かない。私の所属するサークルには、毎日家に持ち帰り、夜遅くまで赤ペンを入れる教師がいるが、私はしたことがない。私の原則として、学校の仕事を家に持ち帰らないようにしている。会議などのリポートも、終わった時にすぐまとめて印刷するようにしている。その方が時間の浪費がない。

後でやろうとすると、何倍も時間がかかるものである。だから私は「仕事」は早い方だと思う。もっとも、教育の仕事は早さでとやかく言えないから、帰宅してまで仕事をする方々には、深い敬意を払っている。

下校後の時間は私の時間であり、私はやりたいことがいくつもある。毎日、三、四冊の本には目を通すし、今かかえている一〇くらいのテーマについては情報の整理もする。著作の予定が一〇冊とちょっとたまっているし、それ以外に書いてみたいものもある。たとえば、小説である。童話でもよい。自分自身を、他の視点から語る形式で文章を書いてみたいのである。実践記録はそうはいかない。実践記録は、自分の意図するところを実践した結果を語るものだからである。

私は教師の実践記録の文に含まれている「感激」の表現が嫌いである。その低俗性ががまんできないほどいやで、自分の文の中から極力排除しようとするのだが、制御がきかず入ってきてしまうことがある。拙著『教師修業十年』は版を重ねているが、実はこの中には何カ所か感動の表現が入ってしまっている。自分の感性のひどさを恥じるばかりである。その点、小説などでは自分を否定して書ける。

というように、私にはやってみたいことが多くある。だから、日記の返事も与えられた時間の中でしか書かない。こういうことは、人それぞれの条件でやればよいのだと思う。毎日長い時間をかけている方には敬意を払うが、それが最良とは思わない。その分だけ、できていないこともあるはずだからである。

日記の返事を書く時、三つの段階がある。

第一は、とにかく「毎日書きなさい」という意味のことを書く。

一日おきに書く子、週に一度書く子などいろいろといるが、毎日書くことを指示する。「毎日何かをする」という習慣は一つの能力なのである。日記を書かせる以上、この面の能力も伸ばしたいと思う。また、一日で一週間分書いてくる子もいる。こういう子を発見してあげないと、子供がかわいそうである。発見して、それを本人に伝える方法はいろいろである。笑いながら「こんなに同じ鉛筆で書いてちゃすぐばれるよ。昨日一日でやったんだろう」と言う時もある。まじめな顔で「毎日書くんですよ」とだけ言うこともある。

こういうことが何回もあると、「まとめ書き」はぐっとへってくる。しかし、巧妙な形でやってくる子も見られるようになる。子供たちも成長するわけである。鉛筆を変えて、テーマも変えて書いてくる。一、二回は見すごすが、やがて私はこういう子も見付ける。「どうしたら見付けられるのか」と、子供たちは思うらしい。これは形式では見付けられないから、内容で見付けるのである。こういう子の内容には欠点がある。つまり、その日にあった事件が出てこないということである。中にはメモをしていて書く子もいるが、事件の細部がぼやっとしている。つまり臨場感のない文なのである。こういう時は、かなり断定的に叱る。

「何日分まとめて書きましたか」と、私は少し強く言う。ほとんどの子は「毎日書きました」と言う。私は、余分なことを言わずに「何日分まとめて書きましたか」ともう一度聞く。子供は、ここらまでは平然と「毎日書きました」と言う。

私は、機械的に続ける「何日分まとめて書きましたか」。教室の中はシーンとしてくる。聞かれている子供の表情が変わってくる。自信なさそうに「毎日書いてます」と言う。私は続ける。「あと一回だけ聞きます。何日分まとめて書きましたか」。子供は、ポロッと涙をこぼして「四日分です」と答える。このような時、八割くらいの子供は涙を見せた。だから、大切な教育の場であるとも言える。

「書けない時に、『今日は書けませんでした』と書くのはいい。また、『私は先生のように日記を書くことが大切と思いません。ですから出しません』というのもいい。私は前から、そのことは言ってきた。しかし、毎日書いてないものを、上手にごまかして毎日書いているように見せるのはいけないことだ。そのような品性の低いことをしてはいけない」。私はこのようなことを、短く言って終わりにする。ただ、一回でクラス全体がよくなるということはない。私の経験では、このようなことが三、四回あってクラス全体で「まとめ書き」

はなくなっていった。

第二は、「長く書きなさい」という返事を書く。

毎日書くことだけを強く言っていると、三行ぐらいですませてしまう日記が出てくる。だから私は、とにかく長い日記を書かせる。朝起きてから、夜寝るまでをずらーと書いてくる子もいる。それでもよいことにしている。毎日書いて、しかもたくさんを書くようになると次の指示を出す。

第三は、「一つのことをくわしく書きなさい」という返事である。

朝から夜まで、あれこれ書いていた中から、一つだけを選ばせるのである。その、たった一つのことをくわしく書かせるのである。

ここまでくると、少しは日記らしくなる。初級編はこれで終わりである。どのくらいの時間がかかるかと言うと、まず三カ月である。三カ月たって、少しは見られるような日記になってくるのである。

(2) 自己否定のできる日記

私はいわゆる「優等生」の作文が好きではない。といって、二、三行のそっけない文も好きではない。どこか知性を思わせて、そのくせ崩れたところがあるのがいい。

日記の中に、「自分のことを書きなさい」と指示したのであるが、その中から、私好みの佳品を選んでみる。

自分のこと　K・U

この人は、一つのことを続けてやることができないらしい(べつにいいんじゃないの)。もう一つは、ようりょうがいい。それに、すなおじゃない。でもさー、そのうちになるから、気にしなくたっていいんじゃないのよねー(本人は、ぜんぜん気にしてない)。

いじわるな所も、多少あるみたい(あるみたいじゃなく、だんぜんあるに決まっている)。自分では足が長いなんて言ってるけど、自分より背が低い人より足が短い。その人のことを横目でにらむことが多いのよ。

この人は、すぐ自まんする(大きらい)。それに、男の子みたいになっていて、男の子にまちがえられる(男の子だったりして)。

子供は自分のことをよく知っているのである。また、自分のことを自分なりに評価しているものである。

自分の恥部をさらけ出したり、それを否定したり、居直ったりするのも、成長への大切な一歩であろう。

私はそこに、知性を感じる。K・Uの日記では、かっこの中の自分自身へのコメントが何とも言えずよい。

R・N(先生はずかしいから小さくしました。)

Nくんは

この人は、自分のことを、「曜日が一つぬけているカレンダー」や「一羽足りない千羽づる」や「めんの入っていないカップラーメン」、「皮だけのお好み焼き」、または「一枚ぬけたトランプ・花札」や「二一時までしかない時計」、「レンズの入っていない双眼鏡」、「プールに行って水泳パンツを忘れた人」のような人間だと思っている。つまり、何をやらせても一つ欠けているのだ。

またこの人は、自分のことを、「宿題を忘れてもやりながら登校する執念」や「フライングをしてもベストタイムを出そうとする執念」や「学校を目の前に忘れ物をとりに行く執念」などがある人であり、これが自分の良い所だと思っている。

この人は一つの悩みを持っている。それは「どうしてこんなにもてるのか」ということだ。ダックスフントのように足が長く、小さくきれいな部屋に住み（見たことのある人だけにしかわからないが）、世界で一、二を争う頭を持ち（上から？　下から！）アラン・ドロンに負けない顔のせいだと思っている。この人を好きな人は、ライバルが多すぎてかわいそうだ。クラスの男子諸君は、屋根でペンキをぬっていて降りる道がなくなってしまったおじさんよりかわいそうだ。

こういう文も私は好きだ。自分のことをたとえて「一一時までしかない時計」などとは実に味わいのある表現だ。全体として知性を感じるが、私はとりわけ次の部分がすごいと思った。「世界で一、二を争う頭を持ち（上から？　下から！）」もちろん、かっこの部分がすごいのである。「上から？　下から！」の部分である。蛇足ながら付け加えれば、符号の付け方がすごいのである。これが「(上から?　下から?)」だったら、何も面白くない。「(上から?)」と聞いて「(下から!)」と答えているのがすごいのである。二つの符号(?)と(!)によって、応答関係をつくり出しているからである。さりげなく配置されたこのような巧妙な表現を見ると、私はぞくぞくしてくる。

私など、こういうさりげない表現はとてもできない。どうしても、表現を誇示したい誘惑に負けてしまうのである。

自分　K・S

この人は、つまらないたいくつな人である。それがわかっていても、自分自身に満足している。

それはなぜか。

人気がない、背は低い、成績は中の中というより少々下り坂、それでもりっぱにひらきなおっているのだ。

この人は忘れ物をよくする。一年の時、ハーモニカを忘れた。少ししてから席を立った。先生に「ハーモニカを忘れました」と言った。先生は聞いていなかった。

授業がすすんで、先生が私の席にきて「忘れたの？」と言った。今考えると「ひどいなあ」と思う。

三年の時、算数のノートも教科書も忘れた。「算数忘れました」と先生に言った。先生は「わかりました」と言った。

「よかったなあ」と思った。

四年の時、算数の教科書を忘れた。「算数の教科書忘れました」と先生に言った。「やりたくないから忘れたんじゃないの？」と先生は笑って言った。「ひどい先生だなあ」と思った。

五年の時、算数の教科書がなくなった。先生に話したら「そんなこと先生に言ったって知らないよ」と言われた。ずいぶんひどいことを言う先生だ。自分のものがなくなったら困るくせに。私の友人がノートをなくして先生に言ったとき、先生はこんな人をこまらせるようなことは言わなかった。とても頭にきた。

Sさんはかわいそうな人だなあ。でもこれくらいじゃまけないんだもん。ああこの人はすばらしい人。（少々ぬけているけど……。）

「ずいぶんひどいことを言う先生だ」と言われたのは私である。教育とは、むずかしいものだと思う。教師の行為に対して、プラスの方向にもマイナスの方向にも評価することができるからである。それにしても、「忘れ物をした」時の教師の対応をこのように克明に覚えているとは驚きであった。

2　向山洋一「小学校六年の日記」

夏休み作品展には、夏の思い出がつまった作品が展示される。

夏休みの作品展では、ある共通した作品群が必ず見られるものである。それは、模造紙に美しく書かれた「研究報告」である。この手の作品は、いわゆる「優等生」に多いらしい。文字もていねいであるし、全体の図表の配列などもあかぬけしている。中に写真なども貼ってあって、それが実に効果的である。雑なところはどこにもない。一目見るだけで、「すばらしいなあ」と思う。「よくやってきたなあ」と思う。「さすがだなあ」と思う。

しかし、私は、このような作品が、つまり「すばらしいな」「よくやってきたな」「さすがだなあ」と思えるような模造紙の作品が嫌いなのである。「研究報告」は「研究報告」でありさえすればよい。他人に「研究報告」以外のことで、「すばらしいなあ」「よくやってきたなあ」「さすがだなあ」と思われるようなことをしなくてよい。ノートに書かれてあれば、それで十分である。一枚の絵に十数時間かけたという作品の方を、あるいは旅先で拾った一枚の葉っぱを貼ってある旅行記の方を、私は高く評価する。

先年、慶応大学附属中学校の「夏休み作品の評」を読んだことがある。その中に、私の共感する評があった。「化けもののような模造紙の作品を見ていると親の自己顕示欲がうかがえてくる」とあったのである。

私自身もかつて、夏休みの作品を作った経験がある。私の母親は、子供の作品を綴って保管しておいてくれたので、今でも手元にある。

昭和二五年、私は品川区の旗台小学校の一年生であった。茨城県岩瀬町出身の渡辺静穂先生が担任であった。夏休みの天気調べが宿題であった。私はそれを一日で書いたらしい。天気の記号をタタミの上で書いたらしく、タタミの目の跡が浮き出ているのである。つまり、私は夏休みの最後の日まで宿題をほったらかしておいて、最後の一日で書き上げたのである。もっとも、「書き上げた」というようなものではなく、タタミの上でガチャガチャと、とにかく記号を書き込んだだけのものである。担任の先生はそれを見て、あきれかえったと思うが、それでも丸が二つ付いていた。

小学校六年生の時は日記を書いていた。私の勤務する学校の隣に奥沢小学校があるが、そこに勤められている佐藤哲男先生が担任であった。七月二五日から八月三一日まで、一日も欠かさずに書いてあった。ただし、私の日記で評価できるところは「一日も欠かさず書いた」という一点だけである。後は、かなりひどい内容である。誤字、脱字、文体のねじれなどがいたるところにある。たとえば次のごとくである。

●七月二七日　晴　三七度

工作をした。電気スタドです。丸太をさがすのにずいぶん手間がかかった。後はりガネ図画用紙を用ちいて、スタンドを作りかけたらもうお昼だ。

後はまた後にしることにしてごはんをたべた。……夜花火をした。……又、本を夜おそくまでよんでいて、母に早くねなさいといわれたのでねた

担任の先生は句読点を直された後で、次の部分を訂正してくださった。

スタド↓スタンド、はりガネ↓ハリガネ、針金、後にしる↓後にする

そして「本は何をよんだのでしょう。内容はどんなかな?」とあった。私は自分で、もう少しましな文を書いていたのではないかと思っていたが、まるでちがっていた。我ながら、あきれかえれるくらいひどい。だいたい、「昼ごはんをたべた」あと、どうしてすぐに「夜の花火」になるのか分からない。表現の貧困ここに極まれりといった日記である。小学校六年生になって、この程度しか文を書けない人間が教師をやっていてよいものか、学級通

信をえらそうに書いていてよいものか、真剣に悩んでしまった。というのは嘘である。私の小学校時代の日記と現在の職業とは何の関係もない。羞恥心の欠如こそ、私の最大の長所なのである(そしてもちろん、最大の短所でもある)。

それにしても、ひどい日記である。羞恥心の欠如の証明として、もう一つの日記を示す。

●八月二一日　晴　二七度

太郎ちゃんとしょうぎをしました。さいしょのうちはぼくが勝っていたが後からまけてきました。次の通りです。

太郎　●●○○●

僕　○○●●●○

同てんでした。

これだけの日記である。これが六年生の日記であるから何とも情ない。しかも「さいしょのうちはぼくが勝っていたが後からまけてきました」という表現も、やや正確さを欠いている。かなりいいかげんなコメントである。この星取り表のような書き方は、時間の節約になったらしく何回も書いてある。内容は少々ちがうのだが、パターンは同じなのである。たとえば、次のとおりである。

●八月一三日　晴　二四度
八まんさまで野球をしました。五人対五人で僕は「巨人ぐん」になりました。ホームランを三本うちました。てんは次のとうりです。

巨人	2	1	4	5	0	5	2	1	20
中日	1	4	3	0	0	2	4	3	17

僕たちの勝でした。

どうひいき目に見ても、ほめられた日記ではない。しかし、これが真実なのだからしかたがない。私は、小学校六年生の時は、このような日記を書いていたのである。それを、夏休みの作品として提出したのである。最後のページには担任の評があった。次の文面である。

「大変面白く読みました。普だんも日記をつける様にするとよいと思います。一つの事柄をわかりやすくまとめる力をつけましょう。」

歴史は繰り返す。私もこのように書かれていた。私が子供たちに書いているようなことを書かれていたのである。

私の六年生の時の日記に比べれば、今の子供たちの何と立派であることか。当時の私などとても真似のできないような見事な文を書く。小学校六年生の時、あの程度の文しか書けなかった私でも、一応の文は書けるようになった。だから、何もあせることはないのだと思う。しかしそんな私にも、担任の先生をはじめとする絶え間ない教育があったのである。その結果として、人並みな文が書けるようになったのである。

第3章

研究をする

1 「ふるさとの木の葉の駅」の授業

(1) 第二回　公開授業

一九八一年五月一四日、五校時、第二回の公開授業を行った。横浜国立大学国語研究室の井関義久氏と、井関ゼミの学生を主たる対象とした国語の公開授業である。参観者は、横浜国立大学の学生一五名、クラスの母親二六名、他校の教師五名、校内五名、その他六名の計五七名であった。

私は、文学の教育には、大まかに言って「解釈」の授業と「分析」の授業があると思っている。作品が訴えるものに限りなく迫ろうとするのが前者であるし、作品が表現しているものを理解しようとするのが後者である。

音楽の授業、図工の授業で、その芸術性を授業するのだろうか。そんなことはできるわけがない。その代わりに、和音、遠近法などの要素を教えるのである。文学教育も、なぜこのようにしないのであろうか。どうして、視点、話者(主)、モチーフなどを教えないのであろうか。

文学の構成要素のいくつかを教えて、それによって作品を分析する文学教育の必要を私は感じている。その授業にあっては、作品を客観的に見ることが一つの課題となる。つまり作品を批評するわけである。逆に言えば、作品を批評できる力をつけてやる文学教育ということもできる。私と井関義久氏は、これを「批評の文学教育」（批評読み）と名付けた。実践を蓄積している最中である。当日の教材は、坂村真民の「ふるさとの木の葉の駅」であった。

私はこの詩人について知らない。この人の詩についても、これだけしかしらない。文学の授業は、そこに表現されていることだけを授業すればよいと思っている。作者について研究して、作品の理解を補うのは邪道であると考えている。みなさんならどのように授業をされるのだろうか？　ぜひ考えてみていただきたい。

（2）大学生の感想

次の感想は、横浜国立大学教育学部学生Hさんのものである。

授業が終わった瞬間「フー、終わった。」の一言であった。その間、一度も息を抜けなかった。参観者の私たちにしてこうなのだから、子供たちはいうまでもない。いつも何か考えているのである。考えさせられているのである。無駄な時間は、一分たりともないのである。

子供たちは臆することなく自分の意見を述べ、聞く態度も静かで、立派である。おしゃべりをする子など一人もみられない。全員が積極的に授業に参加し、常に緊張した空気が、みなぎっているのである。また「授業が速かった。」ということも同時に感じた。テンポが速いのである。私には理解しそこねた部分もあったくらいなので、果たして六年生についていけたのかと疑った。

しかし、テンポが速いから緊張感が生まれるのだと思う。しかも、それが、ポイントを押さえた授業運びだからこそ集中につながっているのだと思う。しかも、授業の組み立てのすばらしさを、まのあたりに見て驚いた。

① 朗読の時、「わたしは◎息をのんで」の、◎の一字分の空間に気付かせ、注意をひきつけておく。そして後になって、「一字分の空間の瞬間に何かを思ったのだ」ということを示し、「それは何か」をノートに書かせる。しかし、そこでは、意見を聞くだけで次に移ってしまう。

② その次に、視点の移動を問題にし、第一連では駅が見えないこと、第二連では赤い

カンナが迫ってきた感じをつかませ、最後に再び、空白の一文字の瞬間に何を思ったのか詩の中の言葉で答えさせる。伏線がいろいろあり、意見も多様に認められ、しかも自然に理解ができるようになっていた。この時、「詩は純粋な言葉の結晶である」といわれることを再認識した。選びぬかれた言葉は、必ず何かを意図し、効果をねらっている。だから抒情性よりも、思想性、象徴性に重点を置くために難解になっている近代詩も、詩の中にヒントが隠されているのである。

③　分析批評することは、読解において大変重要な事になってくる。例えば一字分の空間で、私は「ああ母がいないんだなあ」と作者が再認識したとあいまいに受けとった。しかし、この詩の中にそれを暗に受けとれる言葉・文はあったのである。何気なく読み過ごしてしまう文の一字一句に、こんなにも意味深いことが隠されていたのである。

④　さて児童の反応であるが、問答の時は挙手をし、討論の時は指名することもなく次々と起立して意見を述べていく。児童が「次は○○さんお願いします」などという、いやらしいこともしない。とてもスムーズな流れであった。声を出さず、あちこちで、サッサッと挙手されると迫力を感じた。

⑤　黒板を向山先生はほとんど消さない。清書した上に書いても気にしない。以前、大

村はま先生が「黒板に書いたら、すぐ消す」ことを実践されていたという話を聞いた。この二つは逆のことのように思えるが、実は同じことを意味しているのではないだろうか。その瞬間に書いていることが問題なのである。だから集中が生まれる。かつて、要点を次々に板書してくれる親切な先生に慣れてしまった私には、板書の不親切が新鮮であった。

⑥　この授業を通じて、一番注意を引く言葉は「自分の根拠があるのなら、思ったとおりにしておきなさい。」である。

母の生死について、あきらかに母は死んでいるのに、数名の子供の「母は生きている可能性がある」という理解をそのまま認められた。「これは教えることではない、自然に理解できるまで待つべきだ」と、先生は言われた。

今までの私は、その場で是か否かを教師に言われてきたため、一つの正解を固定して明示してもらわなければ、不安でわり切れないのである。しかし今、テストの弊害であったろうと疑問に思う。

学問はいくつかに説が対立している場合が多くある。児童は、他人の意見をよく理解し、その上で独自の意見の裏づけを持って主張している。こう考えると、向山先生の授業は、独自の考え方や個性ある意見を持つことをねらいとした、一人一人を生かす授業なのではないか。

自分の意見を最初に持つことによって、他人の意見を聞くのも積極的になる。更に、自分の意見を確かなものにするために、もっと考える。これが授業へのくいつきや、緊張感となってあらわれていると思う。

⑦ 授業では、全員は発言しなかったが、発言しない子も、他人の意見を選択し、自分の意見をつくり上げていた。授業で、意見を統一することの難しさを非常に感じた。教えてしまえば、押しつけてしまえば、簡単だ。三〇秒で統一できる。しかし、教えずに、意見を統一することは、何と難しいのだろうか。そのためには、考えられる限りの教材の分析が教師に不可欠である。また、教師自身のはっきりとした考えも持つことも必要である。

先生が、授業中「向山の意見」とことわりながら、考えを示していたことは、教師の仕事を教えるのではなく、踏み台を与えるものなのだということを示していた。私自身、自分の意見が持てないため、「教師は自分の意見、自分の教材解釈を持たなければいけない」ということばに強く打たれた。根拠のある考え方、つまり分析することを、これからは心がけてみようと思う。

(3) 母親の感想

次の文は、参観していた母親のものである。

しばらくは、私の頭の中から「ふるさとの木の葉の駅」は消えないだろう。これが、私の今日の授業参観の感想の全てで、あとに書くことは、つけ足しのように思えます。良い授業とか悪い授業とかが、あるかないかは別として、先生がひとつの詩、一時間の授業に対して、配られたプリントのような下準備、お料理でいえば、下ごしらえをいつもなさっていらっしゃるとしたら、先生という職業は何と大変なことと思いました。単純に、「先生はえらいな」と思うと同時に、「私が考えもつかないことを説明する子供もえらいな」と、感心ばかりしている間に授業は終わってしまいました。学校へ出てきて時計の針を見なかったのは、今日くらいではないかとも思いました。私が、今日の授業から受けた印象がいかに強いかを分かっていただくために、帰ってからの私の状況を書きます。

家につくなり、マンガの本を読んでいた娘に、授業参観のあれこれを語り、早速プリントを広げて、「この」がどうの「には」はどうのと二人で始まり、すもうのテレビを見るのをすっかり忘れ、北天佑はどうしたかなと食事のしたくをしながら気にしていました。

クラブ練習で疲れ果て、うどんを口いっぱいほおばっている息子に「ふるさとの木の葉の駅って知っている?」「このお母さんどうしてると思う?」「声を出して読んでみて」矢つぎばやの私の質問に彼ひとこと、「鉋の花ってなにさ」、がっくりです。

今度は夫に。そら豆をつまみながらビールを飲み、「面白ゼミナール」をチラチラ見ている彼に、「今日ね…」あとはしゃべる私、「ふんふん」というだけの夫。私の感激は夫と息子には全然通じませんでした。でも、私はきっと明日また、「ふるさとの木の葉の駅」の授業のことをパートの仕事仲間に夢中でしゃべっている自分の姿を、今これを書いていても想像がつくのです。

第二の感激。大学の先生のお話を聞かせていただけたこと。そして、横国大の井関先生が、カンナの花のイメージの強さを話したこと、私もこの詩を二、三回読んだとき、カンナの強いイメージがありましたので。若い学生の話し方が理解しにくいこと、時間をかけてしゃべるわりには言わんとしていることがなかなかわからないこと、向山先生が「問いの構造をなしてないから、言い直しなさい」と言われたことなども印象的でした。

最後につけたし――

私が小さかった頃
六郷川で裸で毎日泳いで遊んだ夏
川辺にカンナの花が
あざやかに群生していました。
八月十五日の正午、
焼け跡に建った「バラック」の家のまわりにも
真っ赤なカンナの花が
咲いていました。
私は小学一年生でした。
そのすぐ下で
「カンナ」は
焼けてとけた水道管から

チョロチョロ出ている水で
アワの出ない洗濯をしていました。
「カンナ」は、もういません。

（４）授業の覚書き

母親が、自分の母親のことを思い出しつつ授業を聞いていた、ということは驚きだった。私は情感に訴えることを意図したわけではなかった。母親の文の「つけたし」を読めば、「この授業は何かを訴えていた」ことが分かるであろう。決してこの母親の筆力のせいだけとは思えない。この時、母親たちから一〇通ぐらいの便りをもらった。紹介したのは、その中の一通なのである。

これで、この授業についての筆を置くと物足りない方もおられよう。授業がよく見えないからである。興味のある方は、ご自分で分析してみればいいのだ。しかし、当日の「授業の覚書き」の一部を参考までに載せておく。

「授業の覚書き」

一　朗読：それぞれに数回、指名三名（注「わたしは◎、息を」に注意）

二　問答：（基本的なことの整理。あっさりと。）

A　母はどうなっていますか。

B　わたしはどこにいますか。

C　列車はどういう列車ですか。

D　ふるさとの木の葉の駅（「の」のちがいを説明しなさい。）

E　待っていてくれた（「待っていた」とのちがい。）

F　「いつも」は「連続的」「定期的」のどちらですか。

三　質問（参加者全員にも）

A　「それ」とは何のことですか。「駅」「カンナの花」

B　この詩で大切なことばを二つ選びなさい。

C　過ぎていったとき話者は何を思いましたか。

四　討論：この詩の三つの連の視点はどのように移動しましたか。（第一連は、なぜ「あの」ではなくて「この」なのですか?）（第一連は、本当は第三連の後に来るのではないですか?・）（参照　向山洋一著『すぐれた授業への疑い』明治図書出版。なお原詩は、「わたしは」の次の一字分があいてない。このことを実践して後に知った。）

2　公開授業準備

一九八二年一月一八日、公開発表の受け付けを開始した。すぐに四八名の参観申し込みがあった。千葉大学の明石氏、横浜国立大学の井関氏、東京大学の藤岡氏などの名もあった。研究通信の発行、授業の検討会などの世話役は私が担当していた。研究通信は全部で八八号発行された。研究のすべてをありのまま書いて発行したものである。最終号は一九八三年一月二三日に発行した。「研究通信終刊の辞」の中で、私は次のように述べた。

この研究通信の中には、一年間の研究の流れがくわしく載せられている。今後、研究にあたられる学校の参考になるように、実務的なこともかなり載せてきた。この研究の中で私たちは多くのものを得た。今後の仕事の中に生かしていきたいと思う。

個人的なことで恐縮であるが、私はここで得たものを、四月から担当する「授業論の連載講座」(『授業研究』誌・明治図書出版)に反映させたいと思う。また、この一年間の私の学級の歩みを、もう一つの連載講座「学級経営・わたしのあゆみ＝6年」(『学級経営』

誌・明治図書出版）の中で述べていく予定である……。

研究通信は本号で終刊である。これから、二週間後の公開発表をめざした日々が続く。それは残念ながら載せることはできない。

調布大塚小の研究は、この仲間があるからこそやりとげることができた。人生に同一の回帰があり得ないように、再びの、この研究の再生は不可能である。

いずれかの教室、いずれかの学校で、私たちの研究を越えていく研究・実践が、次々と生まれることを願い、これから先の調布大塚小の仲間たちに、私たちの志の意を伝え筆を置くことにする。

公開発表の準備で忙しい一月二八日、私は広島へ旅立った。日教組の全国教研体育分科会へ、東京の代表として参加するためである。あわただしさは新幹線の中までついてきた。『体育科教育』誌（大修館）の原稿を書かねばならなかった。

私には公開発表の授業の準備をする時間がほとんどなかったのである（日々の授業は別である）。

ほとんどの時間は、学校の公開発表開催の準備の時間に費やされた。そして、残りの時間は、生活指導主任の仕事とか、全国教研の準備とか、いくつかの原稿を書くとかに費やされたのである。公開発表の日には、私の教室へ全国から一〇〇名近い方々がつめかけ、参観された。だがその授業も、こういうあわただしさの中で、すれすれで準備されたものなのである。

学級経営に、ありあまる時間を費やすことができた時代が、私にもあった。教師になりたての数年間である。それから、次々に時間が奪われ、いつのまにか、「何で自分はこんなことまでやるのか」という仕事までかかえるようになった。

以前、大西忠治氏の授業を参観したことがある。公開発表を終えた大西氏と私と二人の編集者で、ささやかな宴をした。その時大西氏が「自分の授業を準備する時間がなかった」と話されていた。

私には、そのことがよく分かる。公開発表をしていておかしなことだが、本当に、自分の授業を準備する時間がとれないのである。そんな生き方を批判される方もおられよう。いや、批判される方の方が多いであろう。

しかし、そうした教師の生き方があることは事実なのであり、また、そうした教師が公開発表・実践記録の発表などを次々にやっていくのも現実なのである。私自身も、生き方として、どれがいいとは言えない。私の場合は、いつのまにかこうなってしまったのである。

全国教研の会場は、雪化粧をした安西高校であった。体の芯までこごえるような体育館で、私は「誰でも跳び箱は跳ばせられる」指導方針を熱心に語っていた。子供たちへのおみやげだけを買って、あわただしく帰京する新幹線に乗り込んだ。この時から、私は三日後に迫った公開発表の授業を考え出した。

3　生活指導の研究

（1）　第一回　生活指導部会

最近の私は、外の研究会に出かけることがほとんどなくなった。昔はそれでもよく出かけたのであるが、現在はほとんどといっていいくらいない。筑波学園都市を訪れ、大西忠治氏の国語の授業を見たくらいである。大西氏の授業も興味深かったが、その後のおしゃべりはもっと興味深かった。しかし、早いもので、それから三〇年が経ってしまっている。

当時の私の研究活動の場は、学校内における研究と、私が属す京浜教育サークルでの実践報告、検討がほとんどすべてである。京浜教育サークルというと大きそうだが、東京の片隅のせいぜい一〇名足らずの小さな研究サークルである。私が教師になった時、同期の四名で作ったのが細々と続いていたのである。当時の活動の様子は以下のようであった。

サークルの出席者が持ちよったレポートを重ねると、ファイル一冊分になった。内容は、人それぞれにちがっていた。全国放送教育研究会への提案、学芸会用の自作の脚本、保護者会用の冊子、ひと塾参加の報告、遊びの実態調査と分析、教育技術論文の覚え書き、全員の学級通信。これらが、前回から今回までの半月ぐらいの間の各自の主な仕事であった。

いつも七、八名ぐらいの小さな研究会である。しかし、一人一人の実践の検討をすると、三時間ぐらいの時間はまたたく間にすぎてしまうのであった。語り尽くせぬ話を二次会の居酒屋でしゃべるのを常としていた。研究会の中では、レポートの報告のみを検討することにしていたから、あれこれの話はいつも二次会で語られた。

サークルを創った四人が初めて一緒に語り合ったのは、今はジャカルタの日本人学校に赴任している井内の四畳半の下宿であった。足の踏み場もないほど本や器具が散乱している汚い部屋であった。とっておきのウィスキーをあけながら、夜の白むまで語り合ったものだった。(向山洋一著『教師修業十年』明治図書出版)

私はどんな場でも教育の話をするのが好きである。特におしゃべりが好きである。ただ、会議はちがう。私は会議は明確な方針と責任分担のもとに、短い方がいいと思っている。

私は生活指導主任の仕事をしているが、一番大変な年度初めの生活指導部会でさえ、会議はおよそ三〇分で終了させている。

参考のために、その時の議事内容を述べる。

(1) 年間目標・方針の確認（目標を子供にもたせるための学校、学級、個人レベルの配慮）
(2) 組織の確認と仕事内容の確認
(3) 四月目標（学校生活に慣れよう）と五月目標（楽しい学級にしよう）の具体化
(4) 校外班編成と担当教師の移動、実務の確認
(5) 連絡網の作成（児童・教師）
(6) 避難訓練（四月）の計画と確認
(7) 新通学路の標識・ガードレールなどの調査
(8) 屋上の遊びと安全チェック
(9) 登下校時刻の変更による変化と下校状況の確認
(10) 障害を持つ子の教室移動によって生じた変化の調査（トイレ・階段・避難訓練の配慮）
(11) 落とし物の管理システム
(12) 「よい子の手帳」の修正・作成・配布
(13) 知能検査の準備
(14) 学校だより「子供と生活」欄への執筆順番

話を研究会のことに戻す。外の研究会へは出かけないが、校内での研究はかなりやった方だと思う。その時々の校内のテーマに従って研究をするのが、私のやり方である。だからある時は「視聴覚」、ある時は「国語」、ある時は「児童活動」というように様々だ。それでよいと思っている。

校内の研究会のために私が印刷する印刷物は、一年間でおよそ一〇〇枚から二〇〇枚くらいである。研究授業、公開授業は少なくて年に三回、多ければ一〇回を超える。この中には何人かの先生が参観に来られたようなのは含めていない。たとえば、今の私のクラスには二つの大学から三人の大学生が通って来ている。千葉大学と横浜国立大学の四年生で、私の教室での授業を卒論のテーマに取り上げているわけである。一人は国語、一人は社会、一人は児童活動を対象としている。当然のことながら定期的に通ってくる。しかし、そういうのは公開授業の数として計算していない。

このような教育についてのおしゃべりが、言葉を変えて言うなら、研究が私の学級経営の根本にあると思う。むしろ、中心であるとさえ思える。

(2) 子供を見る

「子供を理解すること」が、学級経営の第一番目の仕事である。だが「子供を理解すること」は、大変にむずかしいことだ。

もちろん、人間を本当に理解することは不可能なことだが、教育に必要な情報を集めるのでさえ、不可能に近い。とはいえ「子供を理解する」ために、実態調査をする。

例を示そう。テレビ視聴時間についての、私のクラスの実態は次のとおりであった。

一時間以内　一七名　　二時間以内　八名
三時間以内　四名　　それ以上　四名
朝食の時テレビがついている　一六名
夕食の時テレビがついている　一九名
食事の時テレビを消す　八名

これから、何が理解できるというのだろうか？　分析して、想像しても、次のことぐらいである。

「テレビ視聴時間の長い子は、忘れ物が極度に多い。漢字の習得率が低い。ノートの書き方が雑である。それは、家庭にテレビ視聴時間を制限するルールが存在しないからであり、家庭の教育作用の貧困さの一つの象徴である。」

子供を理解するために、数値を調べるのは一つの大切な方法であろう。しかし、それだけでは「ほとんど何も知らないに近い」と、私は思うようになった。朝起きてから、夜寝るまで、いったいどのように子供はすごしているのかを知りたいと思うようになった。私はかなりの準備と時間をかけて、子供の生活を浮きぼりにしてみた。そこには、今までの「実態調査」「日記」などでは知ることのできなかった実態が浮かび上がってきた。

一例だけ述べる。テレビを七時間見ていた男の子である。

彼は朝の六時に起きる。すぐに応接間でテレビをつけ、八時まで見る。主として漫画である。八時、近所のスーパーでパンと飲料水を買い求め、自分一人の食事をする。学校では忘れものがきわめて多い。休み時間は、一人でいる時と友人と遊ぶ時とある。

放課後、クラスのみんなが遊んでいるのにすぐに下校。家でテレビを三〇分見る。それから塾に一時間半。帰宅して、テレビを見ながら一人で食事をして、そのまま一一時までテレビを見る。

これで終わるわけではない。それからラジオの深夜放送をつけて就寝が夜中の一時半である。一日のうち、友人と遊んだ時間は一五分間。親子の会話はわずかに三〇秒。朝食、夕食とも一人。自家用車のある立派な家に住む子供である。両親は健在で姉もいる。

この子は、いったいどこで「教育」を受けているのであろうか。一家そろった食事の最中にも教育の場はあるはずである。あるいは、下校後の友人との遊びの中にも教育の場はあるはずである。あるいは、一日の生活のリズムそのものが、教育の場であるはずである。それらが全くないのだ。

教育機能の喪失は明白である。大まかに言って、かつてあった教育機能のうち、三つがなくなっている。

① 食事の時間
② 下校直後の遊び
③ 夕食後の時間

それに多分、学校での遊び時間も激減していると思われる。私の学校では、在校時間に合計一時間三〇分の外遊びの時間をとるように、週時程等を編成するが、そうでない学校も多い。なお、東京の小学校での教師の勤務時間は四時四五分までである。

第4章

先生！　言いたいことがあるのです

1　私と子供との「名文」論争

(1)「私には名文です」

子供が次の日記を書いてきた。R・Y、多感な少女である。

一一月四日

私の名文「苦しみや悲しみをのりこえるとき、そこには必ず田原俊彦&岩崎良美がある」私は今、それをのりこえようとしている。でもまだのりこえていないから、田原俊彦&岩崎良美は聞けない。でもテレビは見るし、ラジオも聞くからどうしても聞くことになる。でもレコードはしばらく聞かない。私は、この名文にかけて、のりこえようとがんばる。「苦しみや悲しみをのりこえるとき、そこには必ず田原俊彦&岩崎良美がある。」兄と母におこられそうだ。

私はこの子への返事に次のように書いた。「一一月四日の文は、名文ではありません。くだらない、いやらしい文です。文に力がありません。」当人は怒ったらしい。翌日、次のような日記を書いた。

一一月五日

日ごろから思ってたんだけど、先生はあんまりうるさく言わないでほしいんですけど。だって、昨日の文が名文か名文でないかは、私が勝手に考えてるんだから、先生には関係なくて「くだらない、いやらしい文」なんて言う必要はないんですよ。たとえ、あれが名文でないとしても、私としては、私をしっかりがんばらせる名文としてはげみになるんだから、あんなにコケコケにしないでほしいんですよね。

だいたい先生は、ちょっとつっこみすぎるんですよ。いろんなことに首つっこむのはいいことかもしれないけれど、よけいなことまでつっこむ必要はないと思うんですよね。つっこんであれこれ人に注意するのはもちろん先生の勝手だけれど、それをすっごく「いや〜」と思う人だっていると思うんですよね。特に、私みたいなはねっかえりにぶちあたるとこういうことになるんですよ。これでも言葉はていねいなつもりなんです。

先生はとてもえらい人なのだから、注意もしたってあたりまえなんだけど、いや、なんですけれど、それで「感じわる〜」なんて思う人、なくはないと思うんですよ。なにも先生に反こうしているんじゃありません。ただ思ったことをならべていたら、こんなにギッシリなっただけです。

私だって先生によくされているのだから(もちろんクラス全員、先生によくされている)、反こうする気はないです。ただ、先生はえらすぎるから、人に注意をあたえ、命令するんですよね。でも、こっちとしては「命令なんて〜」と思うわけです。こんな私としては、昨日の名文を先生はわかってくれてないと思うんです。ふつう、あんなことを先生に書かれた場合、多少のショックをうけるのだろうけど、私は「フン先生はわかってないんじゃない。けっきょく」なんて思うんですね。私、そんなヤワじゃないもん。

今日の日記で言いたかったことは、あの文は、先生にとってアホな文でも、私にとっては名文なの。名文です。あの名文が私をこんなにさせるヒケツなのです。私をエネルギッシュそのものにさせるのはあの文があるからです。(私ってちっともかわいくない。先生にもんくばっかり言って、ぜんぜかわいい子じゃないわ。)

（２）もう一度言う「くだらない文だ」

このような子供の反論に対して、読者のみなさんはいかが対応されるだろうか？　おそらく、人それぞれの対応がありうると思う。そこはもう、教育技術の届く世界ではない。一人の人間が多くの人間を教育するという、恐ろしい世界での出来事なのである。

子供の反論を認める方向もあり得よう。子供の反論に黙する方法もあり得よう。それは、どれが正しくどれが誤りであると言い得ない部分である。学級経営の根幹には、おそらくこのような「教師の思い」によって対応しているあれこれの出来事があるはずである。教師が、とりわけ小学校の教師が、人間としての豊かさ、温かさ、幅広さを求められるのはそのためである。温かさとは、教え子の不満を認めることではない。その成長を、どこまでも信じる頑固さである。私はＲ・Ｙに次の返事を書いた。

①　一一月五日の文がたいへんおもしろかった。久しぶりに手ごたえのある文だった。

②　もう一度言う。あの文は「いやらしい、くだらない文」だ（まちがえないでほしいが、先生は、文がくだらないと言ったので、田原俊彦＆岩崎良美そしてＲ・Ｙがくだらないと言っているのではない）。

「苦しみや悲しみをのりこえるとき、そこには必ず向山洋一がいた。」こういう文にかえても同じことだ。この文も、いやらしいくだらない文だ。なぜか？

A　この文はうそだからだ。「悲しみ」や「苦しみ」を「こえるとき」、『必ず』（いいかい『必ず』だぞ「○○がいた」ということなどあり得るか。「いた」ということを「その人を思ってがんばった」と理解しても、「いる」のは本人だけなのだ。「○○を思い出してがんばった」ということはあるだろう。しかし「悲しみ」「苦しみ」のとき『必ず』○○がいた）ということはあり得ない。

なぜこんなウソを書くのか。それは文を書く人が、つまりR・Yが、文に酔っているからである。文にうっとりしているからである。

B　この文は、今までに多くの人によって何百万回も使われてきた。手あかのついた、使いカスの文である。だから、今や文に、生命力が残っていない。

「〜するとき、そこには必ず……」という文は、手あかのついた表現なのだ。だからこの文は名文ではない。

③　ただ、この文がR・Yにとって価値のある文であるということは分かった。いいではないか。先生に「コケコケにされた文」だって自分がよいと思えばいいのだ。それ

は認める。ただ、R・Yは、この程度の文を「名文」と思うのかと思う。

④「この文は名文ではない」と先生が言うことは、よけいなことではない。それは、先生の仕事だ。「教え子」に対して「これは名文ではない」ということは、いったい誰が教えてくれるのだ。

⑤先生は「えらい人」ではない。また仮に「えらい人」であっても、言っていることの正しさと関係ない。たとえば、刑務所に入っている人が言ったことであっても「正しい」ことは「正しい」のだ。「正しい」か「正しくない」かは、言った人がどんな人であるかには関係ない。

⑥一一月四日の日記に対する先生の返事は、先生の「意見」だ。「注意」でもなければ、もちろん「命令」でもない。「意見」が他人とちがうことがあるのは当然で、先生はR・Yの意見をちっとも「反こう」と思わないし「はねっかえり」とも思わない。むしろ、敬意を表している。

⑦R・Yを「こんなにさせる」のは、「あの名文」のせいではない。R・Yはそんなに安っぽい人間ではない。また人間は、ひとつの言葉だけで「こんなにさせる」ようになるのではない。「ひとつの言葉」は、どれだけ価値あるものでも、きっかけをつくるだ

けにしかすぎない。

R・Yのエネルギーは、「あの名文」があろうとなかろうと、その身の中にたくわえられている。ただ「でも私は、あの名文のせいだ」とR・Yが思い込むのは勝手だ。もちろん先生は賛成しない。

⑧　文句を言うことと「かわいい」とは関係ないと先生は思っている（R・Yはかわいい子だ）。それに、人の言うことをただただ聞くだけの人になることをすすめない。

⑨　この返事に対する返事がほしい。

（3）「先生はとりちがえています」

R・Yは、番号を対応させて次の返事を書いてきた。

①　先生に「おもしろい」と言われると、とても複雑な気持ちになります。

②Ⓐ　先生も少しとりちがえています。私の書いた文は「いた」ではなく「ある」です。だから先生の言うことは勉強になったけど、私の言っていることとは少しちがいます。「必ずいた」というのはもちろんあり得ません。だけど私が書いたのは「いた」

ではないのです。「ある」なのです。「ある」と言うと、人ではなくなると思います。私は「あれ　これ　それ　どれ」や「ある」という言葉で人に言ったりしてはいけないことだと思っています。私の言っている「ある」は、もちろんレコードのことで、レコード・テープのことです。レコード・テープはのりこえなくてもいつもあるけれど、のりこえるときに「田原&岩崎」を聞くと気分がスッキリするのです。私の言っていることは「いた」ではなく「ある」だということです。

Ⓑ　名文ではないということがよくわかりました。

③　右の②のⒷに同じです。

④　先生が言うのは正しいです。あの時私がイライラしていただけです。

⑤　先生は「えらい人」です。だれだってこう言われたら「私はえらい人だ」とは言わないと思います。でも、「えらい人」というのはやっぱりへんな言い方なのでやめます。「大きい人」とします。「大きい人」というのは私より背が大きいなんてことではありません。その点は先生もよくわかるでしょう。「正しいことは正しい」ということもよくわかりました。

⑥　注意でも命令でもないこともよくわかりました。あの時私がイライラしすぎていた

だけです。

⑦　よくわかります。

⑧「かわいい」というのは外見ではなくて中身のかわいさのことです。だから「すなおないい子」は「かわいい」と思えるかもしれません。そのかわり文句ばっかり言って、ひねくれた感じの子は「かわいくない」と思えるでしょう。つまり「にくらしい子」という意味で、あの時、私は自分で自分がにくたらしかったのです。

⑨　先生に言います。どうかこの「名文」のことを、学級通信などに発表することは、いっさいしないでほしいのです。私はこんなことは知られたくありません。あんな文だけで、こんなことになるなんて思わなかったんです。だからみんなにわからせたり話したりプリントにしたり絶対にしないでほしいのです。

私は一一月五日の文をはずかしいと思っています。自分で書いておいて「はずかしい」とか「発表するな」とか言って成り立っていないかもしれません。

でも、これが私のわがままです。どうか聞いてください。お願いします。あの文の件はこれで終わりにしてください。「もっとやろう」なんていじわるはやめてください。他に知られることは絶対ぜったいゼッタイしないでほしいのです。

（4）そして、一年後

R・Yの②のⒶの反論は見事なほどの内容である。私は次の返事を書いた。

1　なるほど「ある」と「いた」ではちがいます。先生の誤読でした。R・Yの「ことばへの鋭さ」をうれしく思います。
2　②から⑧まですべてわかりました。
3　発表することはいたしません。「はずかしい」ということもわかりました。人間は、そのような「はずかしさ」を何度も経験してつくられていくのだと思います。
4　ところでお願いですが、いつの日か、この文を書いた人が誰かわからなくなってから、R・Yの名前を仮名にして、先生の文も添えて発表してもいいですか？　これは、先生にとっても「はずかしいこと」であったのです。でも、このような日記のやりとりをした教師と教え子がいたということは、他の人々にとって少しは参考になることだと思います。

お医者さんが自分の治療活動を報告するのと似ています。R・Yの名前は全く他人の名前にしてしまいますから、「自分の文が他人に読まれるはずかしさ」をがまんしてもらえますか。お願いします。

R・Yは「うん　いいです。発表していいことをちかいます」と、サインつきで書いてくれた。一年後この原稿に入れるべく、私は日記のコピーをR・Yに依頼した。コピーと共に次の手紙が入っていた。


人の気持ちは変わりやすいものです。私は名文のことは、忘れていました。今思えばたいしたことないものです。

「名文」より大切なものが、私の近くにたくさんあります。

今、私は毎日を楽しくすごしています。本当の楽しさがどういうものかわからないけれど久々に過去をみて「今は楽しくすごしている」と思いました。クラス会を楽しみにしております。

R・Y
向山先生

2 学級新聞「校長先生の呼びかけにこたえます」

一九七一年、大四小の校庭は土からアスファルトになった。正確には土というよりゴミと言った方がよい。冬、関東地方特有の空っ風が吹くと、土ぼこりは空高く舞い上がり、一メートル先も見えなくなった。この状態を何とかしなくてはならなかった。土のまま改修するのか、アスファルトにするのか、職員会議で意見が分かれた。単純に考えれば、土の方がよいに決まっている。その点では全員が同じであった。

問題は、雨の後の校庭の状態である。雨の後は、完全に乾くまでは校庭を使えない。それに比べて、アスファルトはすぐに乾く。しかも上ばきのまま遊べる。年間の運動場使用率は五〇パーセント近くちがってくる。これは、単に「土がよい」で決められることではない。都心の学校は、三〇年も前から校庭はアスファルトになっている。私自身がアスファルトの校庭で育った経験を持つ。

結局、運動量のあまりのちがいに、鉄棒の下など一部分を残しアスファルトを選ぶことにした。工事が終わった秋、石川正三郎校長は朝礼で、アスファルトの問題点について子供たちに呼びかけた。私のクラスでは、子供が学級新聞「新聞コンパニオン」で取り上げた。

〈校長先生から〉

校長先生が「校庭がアスファルトになってこまることや、心配なこと、又走りやすいか、走りにくいか、いい点や悪い点などがあったらおしえて下さいネ。」と言う話をされました。みんなも、アスファルトの校庭で右に書いてあることなどの意見があったら新聞フレンクガールのけいじ板にポストがあるから入れて下さい。来週号の新聞コンパニオンにのせます。

それに応えた子供もいた。アスファルトは不評であった。

〈校長先生へ〉

先週号にのせた〝校長先生から〟ということで出したことについて、意見があったのでしょうかいします。

まずよい点は、砂ぼこりがたたないこと。うわばきをかえないで、外に出られることぐらい。

悪い点はたくさんある。大きなけがは、土の時とかわらないが、小さなけがの時は、ちょっとでもころぶとけがをする。校庭にせんをひきにくい。

きょうの体育の時間、頭をうった人を見た。そのうち、自分にまわってくるかもしれないので、気をつけた方がよいと思う。

I・K

右に書いてあることがK君の文章です。

これを例としてみんなも、意見などをポストに入れて下さい。


新聞に取り上げられるのは、他にもあった。理科の専科の先生は、新卒の女の先生であったが、「何を言っているのか分からない」という評判がたっていた。何でも取り上げる新聞係は、この問題にも火をつけた。さらに図工の先生にも飛び火した。

係が作る新聞は、すべての言論が保障されていた。これは、石川校長の考えでもあった。「教師が批判される新聞ならそれは本物だ」というのが石川校長の意見だったのである。

授業批判を載せた子供の学級新聞はおそらく、これが初めてでなかったのかと思う。

3　学年通信への批判

初めての六年生を担任していた時、「とっぴんぱらりのぷう」という学年通信を発行していた。ほぼ、週刊である。小出精志先生、林真千子先生と私の三人で学年チームを作っていた。尊敬できる二人で、実に楽しい日々であった。三人で二時間ずつの交換授業をしていた。つまり私が他の二つのクラスの社会科を二時間ずつ教え、逆に私のクラスは、算数と理科を教えてもらっていた。担任が、このようであった上に、行事のたびに学年実行委員会を作って活動していたので、まるで、学年全体が一つのクラスのようであった。

ある時、私のクラスの一人が石川校長に「それでも、向山先生はうちのクラスのことを、チョッピリ余計に思っていてくれるんでしょ」と、聞いたという。そのくらい全体がまとまっていた。しかし「とっぴんぱらりのぷう」に載せる作品は、自分のクラスのものが多かった。特に私がそうだった。それでよいと打ち合わせてあったのだが、学年通信に子供から投書があった。もっと、ひっくるめて書けという批判である。また、三組（向山学級）のことばかり書いているという批判である。この批判は、分からなくもない。

しかし、せっかく勇気を出して批判を投稿したのである。私も意見を募集した。

学年通信（一三号）

――とっぴんぱらりのぷうについて――

二組　N・N

とんぱらの内容は、いろいろとくふうしている点があるが一組、二組、三組の先生はみな、自分たちのクラスのことしかのせていない。これは学年通信なのだから、もっと一組～三組のことをひっくるめて書いてほしい。

このことの代表的なものは一二号。はじめの文章は全体にいっているようだが、おわりの方はまるっきり三組のことしか書いていないなんてだめだとぼくは批判する。でも、こういう作品はよいという見本ならべつによいと思うが、各クラスべつべつじゃや六年生がまとまって行動できないと思う。

〈批判に対して〉

二組担任　林真千子

野口くんは、よく考えながら〈とんぱら〉を読んでくれていますね。そして意見を述べてくれてありがとう。〈とんぱら〉に対するはじめての対応でした。これから私たちもさらによく考えて〈とんぱら〉を発行していきたいと思います。とりあえず、私が、今考えていることをありのままに書きますね。まず、内容については（とりあげる問題については）今までのようなもので、よいのではないかと思います。一組の子のことでも、二組の子のことでも、三組の子のことでも同じ学年の一人の友だちのこととして、もっと身近に受けとめてもよいのではないかしら。……一まいの〈とんぱら〉に各クラスのことがくわしく載《の》せられるのが理想的かもしれませんが、順番に記事になっていくというのもおもしろいではありませんか。つぎに、書き表し方ですが、この点は、どの組の子でも自分たちの問題とつなげて考えることができるような語りかけが必要なのだろうなと思います。とにかく、先生たちと編集会議を開いて、もう一度よく考えてみます。みなさん（子供たち、おうちの人たち）が、記事をよせてくださると、ほんとうにみんなのとんぱらになると思いますから、よろしく。

4　子供たちの主張

子供は、知的である。教室は知的な雰囲気をもたせたいものだ。子供も子供なりに主張があるのである。

かさこじぞう　――そんなに悪い作品と思えない――　A子

ポストの中に入っていた朝日新聞をとりだし、読んでいると、どこかの面に、「教科書がどうとかこうの…」というものがあった。「なにかなー」とみていると、「かさこじぞう」がある。そういえば私はかさこじぞうをしらべていたのだ。さっそくよんでみた。となりには、大きなかぶの話で、「どうしてロシアのものが日本の一年の教科書にでなければいけないのか」と、かいてあった。べつにいいとおもうけど。

この話は、支配者に支配されていた、貧しい農民のくらしぶりをえがいたものだ。さらにこの中には、「助けてあげれば、かならずいい恩がえしがくる」というのが入っている。

これは日本を代表するような作品だ。したしみやすい（国民だからかな?·）。とにかく、いいお話だ。

よんだことない人なんて、おそらくいないだろう。いつよんでも、いい。何年後も、残っているといいなあ。

お母さん、これはひどい　B子

このごろ私はすごい反こう的なGALだ。けど、なんたって、この原因は親が悪い！わるい、わるい、わるい、わるい、ぜ〜ったいわるい。とにかく私のスカート、春夏秋兼用スカートがたったの三まい。あるのは冬物スカートか、ワンピース、ジャンパースカート、よそいき。

私のほしいのはスカートだけというやつ。上半身のはくっついてないやつ。ひどいんだから。だいたい、自分はなにさ、一万なん千円もする（たけーのお。）ワンピースをもっていたり、特価品だが二まいで一五〇〇円つぅ、ずぼんをはいたりたくさんもってるくせに子供にはかってくんない。「お金がはいったらね。」とかいっときながら、買うのが面どうなもんだからいつも忘れたふりしてる。ここが大人の悪いところだ。家族だからと思って約束をやぶるなんてよくない、よくない、よくない、よくな〜い！

うちには私よりわかいそうな人がいる。まず父。背広夏冬合計四ちゃくしかない。まっそのかわり、Yシャツや私服がたくさんだからいいの。次は弟。夏のあいだはまだいいが、冬になるとひどい。長ズボンがなんと二つ。またふえると思うが、これはひどい。みなさん、かわいそうな私たちに愛の手を！

存在感

F子

私の場合、ふつうじゃないよね、やっぱり。自分でも思うんだけど、私って女の子としてのかわいらしさがぬけてるんじゃないかなあ。私って存在感うすいんじゃないの。私、もう少しかわいかったらいいのに。

私、かわいくないから、存在感うすいんだ。だってさあ、かわいい子ってモテるじゃない。モテる子っていうのは目立つのよね。すぐわかるの。「あの子モテるのよ」なんて感じでさ、知られていくわけ。

私のやり方はかわい子ぶるか、つっぱりぶるか。タイプ的に伊藤つかさに三原順子ってとこだね。「かわい子ぶっていやだ」なんていうのに、かわい子ぶりっ子好きなんて笑っちゃうわね。

男の子なんてこんなもんね。どうせ相手のことよく知らないで、外見で好きになっちゃうあれでしょ。私と同じことやってんのに、私の方、向かないなんて、わかんないわね。片ひじはって生きていく自信ある？　自分をつくりかえるなんてこと、やっぱりできないな。何もしなくても相手が自然にわかってくれるといいんだけど。それで、わかったらすぐ言ってほしい。私だけに。だらだらするのはいやだからね。

今日の日記は、三原順子的だな。まあ、なりきって書いてるからね。でも本当の私は文体がこうじゃない。でもたまにはいいじゃない。

第5章

学校行事を演出する

1　学芸会「エソポの話」

私は劇・行事などの演出が好きである。教師としての私の技量の中では、「演出力」などがまあまあなのではないかと思っている。もっとも「好きこそものの上手なれ」というより、「下手の横好き」という方かもしれない。

三代目の六年生を担任していた時の学芸会で、各クラスが十分間ずつまとまった劇をしようということになった。全体はイソップ物語、三つのクラスが一つの物語を脚色し演じるというものである。各クラスの持ち時間はそれぞれ一〇分間であった。その時の様子を、学級通信に報じたので再録する。

えとせとら　(二六二号)一九七六年一一月一六日

オムニバス劇「エソポの物語」第二幕喜劇「ふくろう」

●学芸会上演時間の一学年の持ち時間は三〇分である。六年生はイソップ物語を上演する。一六世紀末に、初めて日本に紹介されており、その時は「エソポの物語」といった。学のあるところを折にふれて子供たちに見せつけないと、馬鹿にされるので、この前歴史の授業でふれておいた。

　これを三クラスが一つずつの出し物を決めて上演する。一つ一つ単独の物語を集めて、全体として一つの劇にするのを、オムニバス風と言う。
●したがって一クラスの持ち時間は一〇分弱である。一〇分間でクラスの九割もの人間が登場する劇の演出など、考えただけで頭が痛くなる。
　演出の希望者から決めていった。これは脚本を分析し、演出の基本をどうするかのレポート提出を求めた。五名が提出し、演出集団ができあがった。キャスト、スタッフともに希望によって決定し、多い場合は例によってじゃんけんで決めた。女の子は、鳥の希望が多かった。
●登場人物は皆動物であるから、へたにやると低学年用の劇になってしまう。さらに話の筋をたどると、教訓的な内容であるから、およそつまらない道徳劇になってしまう。
　演出集団では喜劇をベースにすることにした。まずは、動物の動作を表現することから始めた。

　一代の喜劇王エノケンの話をしてあげた。彼の初めの頃の舞台ではセリフなしの猿の役、それも数十匹の内の一匹であったが、上野動物園にかよいつめたという。それが認められ世に出たわけだ。子供は必死で図鑑などを調べていた。ついで渥美清の話をしてあげた。笑いの頂上から、しんみりした哀愁をただよわせるのに、わずか一秒で演じてしまう天才的な演技についてだ（山田洋次監督の受け売りである）。そうした本物の喜劇は我々にはできないが、三流以下の喜劇はよそうということを話した。

●声を出させるのが大変であった。舞台用の声は、当然地声ではいけないのである。

たった一つのセリフがダメで、演出は何回もストップをかけていた。

ついで動作だが、これが難物であった。身体がまるでセリフについていかないのである。演技のむずかしさを、子供たちは骨身にしみて感じたようであった。

そして、状況に合わせた動作、セリフを言ってない時の動作へと進んだ。「そんな動きじゃ、役をかえるぞ」と怒鳴られると「もう一回」「もう一回」と食いついてきた。ここまでは台本通りにやった。「早く喜劇にしないと間に合わない」と子供が言ってきたが、「基本ができればあとは簡単だから」と許さなかった。台本通りにやって、基本をきちんとしたのである。

●全員で喜劇にするための話し合いをした。次から次へと案が出された。案を出した子がそれを実演するのである。教室中、笑いのうずであった。よいものは次々に取り入れられた。ダメになったのは〝下ネタ〟である。下半身に関係したものである。次に、発想の乏しいもの、飛躍のないものもダメになった。さらに、どこかで見たものもダメであった。コマーシャルを入れたものも出されたが、安易だということでダメになった。この話し合いは三〇分ぐらいであったが、面白かった。

●劇に必要な基本はやったつもりである。声の表現、身体の表現、脚本の分析、照明・効果の役割、喜劇について、役者の心構え、台本・セリフの創作、役の研究、しかし何せ出演時間は一〇分であり出演者多数である。どうなることやら……。喜劇として見られるものになるかどうか……。本日二回目の舞台げいこだが……。

劇は大変に好評であった。クラスの子供たちは、低学年の子に次々にサインをせがまれた。しかし、なかなか大変なこともあった。当時、風疹が流行していて、学芸会当日の代役が四名もでたのである。てんやわんやの大騒ぎであった。しかし、私はこのようなドタンバのアクシデントが嫌いではない。そうした障害を越えることに何か充実感を感じるのである。

学芸会終了後、そうしたドタバタ騒動を「楽屋話」として報じた。

えとせとら　（一六二号）一九七六年一一月二二日

「エソポの物語」楽屋話

●学芸会当日の劇は、実は代役が四名いた。二人が病気で欠席。一人が急用で大分に行ったためだ。それぞれに代役が立った。そして当日、合唱の子が倒れてしまったのだ。その連絡を受けた時は、もう後半が始まっていた。舞台に出ない女の子は演出の子しかいない。いそいで彼女を代役にし、立ちげいこをした。呼び出し時間まで、あと一〇分ぐらいしかなかった。

●練習の時にはあったのに、本番でなくなった場面がいくつかある。ドタバタすぎるというのでカットしたものだ。

(1)にわとり役が笛を「プープー」と吹いて退場する。その後から男子が女の子の姿でボールを持ち「おとうふやさーん」と出てくる。途中で「おとうふやさん通りませんでした?」と客席に聞いて退場する。

(2)クリのイガを観客に見せて、「おお痛エー」という時、特大のクリのイガを二人の子がかついで通過する。退場まぎわに「これは芝居とは関係ありません」と言う。

(3)演出の子が退場する時、サルのまねをする。この子のサルまねはサル役の子と甲乙つけがたいほどうまい。一人がバナナでつって、演出の子をつれ出す。

(4)「ウエストサイド物語」の曲が流れている戦闘場面。模造紙を持った子が二人通過する。「愛鳥週間」「動物愛護デー」と書いてある。

(5)最後の場面で、キツネ役が「休戦を祝って、東村山音頭を歌いましょう」と言って、踊りながら歌う。踊りもうまい。終わったあと「おさわがせをいたしました。コーン」と言う。

練習の時、大うけで爆笑のうずであった。

●それぞれの役づくりは、それぞれの子と演出担当でやった。簡単なことに見えても苦心がそれぞれにある。あひる役は、初め無言で登場していた。次に「ガア・ガア」と言って登場するように変化した。ついで戦闘の急を告げるのだからということで「ガ・ガ・ガ・ガ……」となった。さらにそれが「ガガゴゲガガゴゲガガ」というように変化した。鳴き声一つ、動作一つにも苦心があるのである。

●こうもりの羽を調べたり、外国の鳥を不思議そうに見る動作は、初め一人がやり出した。ついで、他の子もそれぞれ役作りをやり出したのだった。そうすると、当然、他の役の人に「食われる」という場面が出てくる。役作りがうまくなると、そちらに注目してしまうのである。それは、自分の役に対する研究、練習の結果なのだから、それでいいと思っていた。

●セリフなしの役の子たちは、それぞれウサギの役とネズミの役であるから、動作をかえなくてはならなかった。ネズミ役は、出刃包丁をといで、ふんいきを出していた。ウサギ役はニンジンをかじっていた。それも、どうやって作ったのか、かじりあとのあるニンジンを使っていた。

●メーキャップは、日生劇場の観劇会で見たミュージカルから学んだものと思われる。それが必要であったかどうか分からぬが、いろいろと工夫している様子なので、一言もふれなかった。よって、メーキャップする子もいたし、していない子もいた。女の子は、なかなかうまかった。

●外国の鳥の場面は台本にはない。初めは、何の鳥か誰も知らなかった。最後の場面のリストの中にウグイスがあって、外国からの渡り鳥がウグイスになる珍なる現象がうまれた。

●運動会の騎馬戦の時に使用した効果音を、キツネが出る所に使用した。ジャーン、ヴォ……ン、ワーという歓声であり、ワーの中に私の声も入っている。ヴォーンというほら貝の音は、リレーのバトンを使ったものである。

●東村山音頭がカットされた。出番の少なくなった子は、しっぽに糸をつけ、コーンと鳴く時にしっぽが動くようにしてきたのである。「うけた！　うけた！」と、大はしゃぎであった。

●箱根の遠足の時に、七、八人の子でクリのイガをさがしたのであるが、ぬけがらが二、三見つかっただけであった。そこで、それの代わりに松ぼっくりをひろってきたのである。遠目には、どれがどれだか分かりはしない。

●戦闘場面というので、子供たちはいろいろな武器を用意した。出刃包丁、ピストル、サーベル、ステッキ、クリのイガ、とりはずし自由のつめのある手、てんでまとまってなく、統一性ゼロ、バランス絶無となった。でも不思議なもので劇中では不自然ではなかった。

●初演の時、キツネとサルが会場をわかせた。みんなで感想を言い合っている時、サル役が立って言った。「最後の所で、低学年の子なんか、すごく笑っていたのですが、あれはキツネがおかしかったのか、ぼくがおかしかったのかそこをはっきりさせてもらいたいです。」役へのあまりの執念に、みんなでゲラゲラ笑いこけた。

●コウモリ役は人気がすごく、低学年の子にもてたらしい。ある先生が「女の子みたいにかわいかったよ」と言った。あるお母さんは「女形にしても、通じるわね」と言ったそうだ。みんなはジロリとコウモリ役の子を見て、大人の審美眼を疑った。

保護者にはすごい評判だった。低学年の子にもすごく受けた。低学年の子は、この劇の登場人物の真似を学芸会後もあちこちでしていた。校内の流行になったのである。

保護者からも、次々に便りが届いた。

えとせとら（一六三号）一九七六年一二月一日

学芸会の感想〈M男の母〉

一六一号で練習のポイント等、説明を読ませていただいてからでしたので、当日をとても楽しみにしていました。

幕がパッとあいて、一瞬圧倒されたという感じで、そのまま劇の中に引きずりこまれてしまいました。今まで、小学校の劇でこんなにびっくりしたことございませんでした。初めから最後まで、ずっとひきずられっぱなしという感じです。舞台のすみずみまで生き生きとしていましたし、一人一人が本当に楽しんで役になりきっていて、六年生でこんなに演技が出来るのかと、ただただおどろいていました。

その後の楽屋話、その一、その二も又、楽しく読ませていただいていますが、一つの劇を仕上げるまでの一人一人の苦労、クラス全体の盛り上がっていく様子等目に浮かぶようです。当日四人の代役がいたなんて信じられないほど上手に役になり切っていたし、これも今までの先生の御努力のおかげで、皆で団結してどんなことにも向かう強い力が備わってきたのだと思います。

一つの大きな行事を通して、子供の心が育っているんだな、今つくづくと感じています。


一人一人を参加させ、一人一人の知恵を出させ、一人一人に工夫させ、一人一人の持ち味を発揮させ、一人一人が生き生きしている時、親は心から支持してくれるのである。

演出とは、一人一人の個性を最大限発揮させることなのである。

2　移動教室てんやわんや

六年生になると、伊豆高原に二泊三日の移動教室に出かける。大田区の施設があるのである。子供たちは、この日を待ちこがれている。学年・クラスに実行委員会ができ、準備が前々からすすめられる。全員、何かの係になる。

私の経験で一番大規模だったのは、大四小の二代目の時で、その時は、現地で実行委員会ニュースを子供たちが発行していた。しかも朝刊・夕刊である。私は、帰京してから十数回に分けて、道中記を学級通信に連載する。これが、なかなかの好評であった。自分の子供が実名で登場するからである。次の文は、私が教師一〇年目、四代目の時のものである。下段に行事のポイントなど私の解説を付け加えた。

スナイパー　（二八七号）一九七八年一一月一八日

(1)　出発

●出発前夜、T君のお母さんから電話があった。熱があるらしい。医者の診断では、朝になって下がっていればよいと

〈宿泊行事のポイント
向山の解説〉

出発まで健康の管理が第一である。学年とし

のことなので、それに従うことにする。三七度五分とのことなので、大丈夫だろうと少しほっとする。ねたとたんU君のお母さんから電話で「何度ももどして、今も続いている」とのこと。朝の様子で決めましょうということで電話を切る。

●翌朝、家人は講義があって、六時半に家を出た。のんびり将棋の本を読んでいたら、時間がたってしまって、あわてて学校に行った。

　校門の所にUさんがいて、私の姿を見てかけてきた。急ぎ足で歩きながら、様子を聞く。朝になって元気になったそうで安心する。見送りに来たお母さん方に「Tさんはいませんか?」と声をかける。Tさんが校庭から走ってきて、様子を話す。熱も下がって、大丈夫らしいとのことに、ほっとする。

●一〇三名全員参加を確認したところで、私は一足さきに切

てのルールを決める。

病気の時、親子は「必死」なのだから、温かい対応をする。

ただし、熱のある子は連れていけない。上手に断らなければならない。

熱のある子は、ほとんど医師の手にかかるようになる。

父母へのあいさつは、

符を買いに行く。雪谷大塚駅で切符を買っているとUのお父さんに会った。お医者さんなので、息子さんの注意をたずねると「食事の量を半分ぐらいにして下さい」とのことだった。

●川崎の駅で三〇分の列車待ち。橋の所に二列に並ばせる。ふつうここで、遊びが始まるのだが、今回はおとなしくしたままだ。女の子はリュックを背負って、ボケッとしているので下におろさせる。「リズムナンバー」という遊びを教える。これは今回大流行で、何かというとみんなで遊んでいた。中には、あちらこちらと動きまわる子もいて、通行人のじゃまになるので注意する。校長がニコニコしながら子供に言った。「Kは、いつも注意される方に入っちゃうんだなあ」、彼も照れて頭をかいていた。

●列車に全員すわらせて、しばらくすると子供たちは座席ごとに遊びはじめた。KとMがじゃんけんをして勝った方が

「その子」のことを。

駅のホームですわって待つ。すわってできる遊びなどを教えることは大切だ。

車内のマナーは教えてあるが、つい興奮する。

しっぺをする遊びを始めた。こーふんしてきてじゃんけんが大きな声になった。注意しようかと思ったとたん、近くにいたおじさんに大きい声で「うるさい！」とおこられた。その人の顔を見たら、見るからにこわそうなので、「私は関係ありません」というふうに目をそらした。

●おばあさんたちの声高の話が聞こえてきた。「先生が注意して席をゆずらせればいいのに」という内容であった。こちらは、半年も前から予約をして、一人五〇円也の着席料を支払っているのだ。おまけに長旅の始まりで、車中で食事もするのである。そんな事を思って目をつぶった。

一列車ずらせば席はガラガラなのである。そんな事よりうしろの車両へ移ればガラガラなのである。それを教えようと思ったが、延々とこの子供たちの担任はいかにひどいかを、正義の士のごとくに大声でしゃべっているので、教えるのをやめて無視することにした。

少しのことなら目をつむる。

通常の遠足の時は、私は立っているように教えている。

スナイパー（二八八号）一九七八年一一月二〇日

●開園式は千鳥小と合同であった。校長同士は同級生である。

⑵　第一日目

Hが児童代表のあいさつの担当だった。彼女は車中でもそれを心配していた。出だしの「待ちに待った伊豆高原に」のアクセントを特に心配していた。「家の人は広島出身でアクセントがみんなだめなんです。」などとえらそうに言っていた。「待ちに待った」というような、古びて使いふるされて生命力も力感もないことばは使わない方がよいので、「やっと」に変えさせた。あいさつを暗記してきたと言ったが、「見ながらやってもおかしくないから、見ながらやりなさい」と話した。閉園式の千鳥小の子も原稿を見ながらやっていた。

●HとFが部屋長（班長）だったが、実によくやっていた。

使いふるされたあいさつをさせない。

子供は、いざとなると

多分、人の二割はよけいにつかれただろう。バスや電車を降りても、気の短い教師の多い大塚小は歩きながら整列させる。その間に、HとFは人数をかぞえて、私に連絡するのだ。二人とも、いつも全員に気を配っていた。

大塚小が何事も早いので、千鳥小に気の毒だった。千鳥小の二人の担任はとってもすばらしい先生で、子供たちものびやかだった。

●大室山でリフトの券を買おうとしたら、運転中止だという。頂上の風がすごいらしい。三人の担任で徒歩で登ることを決め、バスに裏側までまわってもらう。急な林を通りぬけ、山を見上げて後悔した。ススキだけのはげ山が急勾配で天をつきさしていたのだ。

私は山にすこぶる弱い。草をつかみながら十分も登ると、心臓がとび出しそうだった。下を見ると子供たちの列が真下に見えた。

力を発揮する。

とっさに決めなくてはいけないことも出てくる。

●自分の実力をとっくにこえている。四合目ぐらいでダウンして、子供たちを先にやった。息はハアハア、心臓はドキドキドキ、汗がしたたり落ちた。景色はすばらしかった。海が水平線を見せ、伊豆の山々が広がり……。山頂に近づくにつれ（いかにも本格的な山のようだが、ススキだけの小さな山である）風が強くなってきた。八合目でダウンし、やっと四地蔵の所にたどりついた。風で身体がとばされそうである。風に向かうと息ができない。風速二〇メートルだった。

●噴火口のまわりに道があり一周一五分くらいである。子供たちは一休みすると出かけた。私は、NとOにひっぱり出され、A、Wに手をひいてもらったが途中で見すてられ、一人ひきかえした。Kが一位、Iが二位で一周してきた。彼らは走りっぱなしである。賞状をねだられた。SとUが最後に到着して下山した。まわらなかった子も

範囲が決まっているところは、自由に行動させる。

いるみたいであった。リフト中止のために、それ以上に面白い登山を経験したのである。

スナイパー　(二八九号)一九七八年一一月二一日

(3)第一日目夜

●宿舎に帰り荷物を整理させた。部屋に落ちたままになっている品物は職員用の六畳に運んだ。あれほど、すべての持ち物に名前を入れるように言っておいたのに、名なしのビニール袋が落ちていた。

(落とし物さわぎはいろいろあった。男の子のロッカーの下に、パンツとくつ下があった。どちらも名なし。いくら呼びかけてもだめだった。全部の持ち物を調べようと思ったが人権にかかわるようにも思いよした。)

Oがナップザックが見えなくなったと言ってきて、大さわぎでさがした。かげもかたちもなかった。少しして

人権にかかわることは避ける。

他の組の子が持ってきてくれた。犬がくわえていたという。食事中に部屋に犬が入ってきて、くわえていったらしいのである(一時は、お化けが出たという説までささやかれた)。

●食事までの間に、家への葉書きを書かせた。希望者に私が一文をそえてやったが、結局全員になった。父親、母親の名前を漢字で書けない子が相当いた。中には、全文を私に書けという子もいたが、つつしんで辞退した。宛名は、家族全員を書けといったのだが、Aの家は大所帯なので苦心していた。Rは赤ペンで文を書いて「担任の教養がばれてしまうじゃないか」と叱られた。

●その後、風呂に入った。一応は温泉である。写真屋さんに写してもらった。何枚かあるが、やばいのもあるかもしれない。

子供の背中を流してやった。希望者だけだが、全員に

宛名は家で書かせておくべきであった。

私は、風呂は一緒に入った。

男の教師は風呂の中で、男の子と仲良しになれ

なった。Mは風邪のため、風呂に入れなかった。

Uが私の背中を流してくれた。

風呂に入る時、タオルで前をかくして、湯ぶねに入りそうなのがいてどなった。大四小の時の子供たちは誰のがでかいか、もじゃもじゃかなどとコンクールをしていたが、この地域にはそうしたタフな面はない。

●食事はカレーライスだった。千鳥小の子と向かい合って食事をした。知り合いもずいぶんできたらしい。カレーは少しつめたくなっていた。おかわりがまるで少なかった。疲れすぎのためかと思う。歴代ではカレー七皿という記録がある。河西と鈴木が初めにおかわりに行った。Yがそれに続く。みそ汁はSがはじめにやってきた。食事は前より少し良くなっているように思えた。

る。

スナイパー（二九〇号）一九七八年一一月二二日

⑷クラスレクリエーション

●食事が終わり夜の七時から、クラス毎のレクリエーションであった。係の子が何回もの会議をして、原案をつくり内容を決めてある。立派な冊子もできあがっている。保健の佐藤先生も中に入り、途中で校長さんも入っていた。校長さんは子供たちがかわいいと言っていた。I・Mのことをえらくほめていて、「今にスラッーとした女の子たちにもてるようになるよ、きっと」などと予言していた。

●ここで、遊びについて少しふれてみる。

遊びには少人数型と多人数型がある。たとえば「メンコ・けん玉・べーゴマ」などは少人数型だし、「鬼ごっこ・かんけり・陣とり」などは多人数型である。それぞれ特徴があって、互いに代えられるものではない。学級でや

自作の「遊びの台本」を持っていた。

遊びには特徴がある。

るのはもちろん多人数型でなければならない。多人数型の遊びで忘れてならない原則は「全員が参加している」ことにある。

バスの中で交代で歌うのは、不完全な多人数型である。ハンカチを一つ用意し、結んでほどいて誰かに投げつける。それをくり返して歌が終わった時にハンカチを持っていた人が歌う。これだけで完全な多人数型になる。ハンカチはいつ投げつけられるか分からないので、みんなキャーキャー言うからだ。前に遠足の時にこれを教えたら、遠足の中で一番面白かったという子がずいぶんいた。

●遊びをもう一つ、その発生から分類するとおよそ次の三つになる。

一つは子供会型である。

一つは宴会型である。

一つはテレビ型である。

「みんなでできる遊び」を意識させるのは大切なことだ。

一つの遊びでも方法を変えるとちがう遊びになる。

歌一つをとってもこの三つはちがう。「七つの子」を歌っても、子供会型は「トマトトマトトマト」と歌いなさいとか、ことばのかわりにふりをつける。宴会型はむろん、かえ歌になる。テレビ型は競技用がとり入れられる。「かの字をぬく」というようにである。何人かが競技をして他の人は見るという型になる。

●集団の遊びとして最もすぐれ、洗練されているのは「子供会型」である。多くの人々が(大学生が多いが)子供会活動を通して創り出し、改良してきたものだからである。一つの遊びができあがるまでに何百人も何千人も、時には何万人もの人々の間でみがかれたものだからである。

●クラスのレクには、この三つが混在していた。上記のことを私は教えなかった。やっていてつまらないのは、テレビ型である。あれはねころんで見ているからどうにかなるので、やってみるとだめなのが多い。遊びの型がち

子供会型の遊びがすぐれている。

がうからである。

●「魚鳥木《ぎょちょうもく》」という遊びで私は失格し、失格した八名ほどで猿のまねをして、円陣のみんなのまわりを一周することになった。見ている子が合格と判定してくれたらその場でやめてよいことになっている。とてもできないなと思ってすごくためらったが、腹を決めてやることにした。そんな時は思いきりやった方がいい。タヌキのサルまねである。

子供たちは私を見てころげまわり、OやNなどタタミをたたいて喜んでいた。三分の二周ぐらいして私は合格した。合格一位である。Fがでっかい目をおっことすようにして「先生、合格だよ」と言った時は、ほっとした。

私はサルのものまねをした。子供は、ころげまわって笑った。

スナイパー　（二九一号）一九七八年一一月二四日

●フォークダンスを仲良く踊った。五年のころ照れていた子も、今はすんなりと入る。何せ女子が少ないので早くしないとあぶれてしまうのである。曲は、オクラホマミキサーだった。明かりを全部消し、ローソクに明かりを灯す。明かりがとなりからとなりへ送られる。「竹馬の友」がみんなで歌われる。何曲か合唱して、キャンドルサービスを終えた。

(5)就　寝

●いよいよ就寝である。これが一大騒動なのだ。かんたんにそうじをさせ、健康カードを記入させる。追いたてるように歯をみがかせる。洗面所は一〇人ぐらいしか使えないから混み合う。

●押入れから、ふとんを出させてしかせる。真白くクリーニングされたシーツをかぶせる。これがてんやわんやな

フォークダンスが自然にできるクラスにしたいものだ。

「竹馬の友」は、私の好きな歌だ。私が教えた。

のだ。

きちんとする子もいれば、何度もやり直す子もいる。あげくは、きちんとやろうとした意志だけはうかがえるというのまでとび出す。三つの川にふとんをしき、パジャマ等に着かえさせる。場所は、自由にしておいたから、気の合う同士でまくらを並べている。

●Wがやってきて、例のひょうひょうとした調子で「ね、先生。お化けの話をしてよ」とせがまれた。他の子も、かん声をあげている。時間を見ると千鳥小との打ち合わせまでに十分もない。

急いで電気を消して、女の子の部屋で三分間ほど話をしてやった。

●「先生が中学の時のことだ。小海線の野辺山に行った。日本一高い所にある駅で、降りると一面野原だった。遠くに八ケ岳がそびえていた。野原の奥に一軒の木造の建

お化けの話、こわい話はいくつも持っていた方がいい。いくつかの

物があった。信州大学の寮である。実は昔兵舎だったのだ。そこに泊まることになった。建物のはずれに、便所があった。そこで兵隊さんが自殺したということである。夜中に下駄の音をひびかせ、はずれにある古びたトイレの戸をギーと開けると、血のにおいがプーンとしてきた。一番目のトイレは血がにじみ出てくるのである。二番目のドアを開けると人のうめき声がした。三番目のトイレを開けると、底なしの穴が待ちうけていた。

　ところで、この伊豆高原も昔は、兵舎だった。そして、トイレは三つしかない。夜中が楽しみだ。」

●男の子の部屋でも三分話した。ふとんをかぶってしまう子もいた。話が終わると、みんな争うように「今のうちトイレに行こう」とキャーキャー言いながらトイレをめざした。「先生、うらむよ」という子もいた。

●打ち合わせが終わり、一一時に子供を見るとほとんど

基本パターンがある。

教師の仕事は、夜中も

ねていた。女子の室温が一三度なので換気扇をまわした。学校の打ち合わせをして一二時にまた見まわり、ふとんをかけ直した。MはKにのっかり、Oは九〇度回転し、Yは腰まで前進していた。三時に起きてトイレにやり、ふとんを二十人ぐらいかけ直し、四時に換気扇を止めた。室温は一九度だった(T、Uの額に手を当ててみた。平熱だった)。

後はもう知るものか、ふとんにもぐりこんでねむりこむことに決めた。男の子の部屋の奥にねた。朝六時、子供たちの騒音で目がさめた。

スナイパー (二九二号) 一九七八年一一月二五日

●話はもとにもどるが、一日目のすべてのことが終わったところで、反省集会をした。一人がその日の戦果(成果)を発表し、まわりの者が野次馬的に奇声をあげてたたえ続く。

この反省集会こそ、向山学級のポイントである。

る、楽しい会である。

部屋長のFとHがトップである。続いてレク係のZ……などが手をあげて歓声にこたえて言う。山登りトップのKが続く。整美係もその苦心を言う。食事のおかわりのトップグループも言う。こうやって次々に全員がその日の感想などを言うのである。

Tは張り切って何回も立つ。「Tはベルトをあげながらしゃべるのがくせだ」と私がひやかす。五分ぐらいあと、Tはまた立ってしゃべって、その時、ベルトをずりあげたのでみんなでころげまわった。

Uが少し腹が痛かったらしいが、保健の佐藤先生につれてこられた。彼はあれで(つまりムスッとして無口のようだが)、悪のりをしてキャーキャーむき出しにやる方なので、いつのまにか直ったみたいだった。

私はこれまた悪のりをするから「Uは腹がいたいとメ

これを上手に演出できれば、クラスはぐっとまとまる。重要度第一位ともいうべき場面である。

反省集会は教師の

ソメソしている。よってU！　病状報告をしろ！」なんてやった。「女の子は静かだからたくましい順にやろう」といって、O子・H子・F子などとやっていったら、批難ゴーゴーで殺されそうになった。静かな子なども指名して、楽しいひとときを終わった。（以下略）

イニシアチブで、
テンポを速く。

第6章

向山洋一は差別をしているか

1　教育観の遠景

私は「ひいき差別をしないこと」を、自分の教育の根本においてきた。それは、私自身のいささかせつない少年時代の出来事を遠因としている。拙著『教師修業十年』の中で、次のように述べている。

ぼくが小学校の時であった。授業が終わって、雨がぽつりぽつりと降ってきた。教室の窓から校庭をながめていた担任の先生が、ある男の子に「傘を持ってきてくれないか?」と、たのんだ。よくあった出来事だった。ぼくは小学校四年生だった。担任の先生は善意にあふれた、おだやかな年輩の男の先生であった。雨が降ってきた時など、いつも傘を子どもに借りていた。

しかし、その時ぼくは、何かちがう違和感が芽ばえてくるのを感じた。〈どうして先生はいつも同じ人に頼むのだろう〉〈どうしてぼくには言ってくれないのだろう〉。ぼくも先生に頼まれたかったのだ。みんなの前で得意そうに先生に傘を貸したかったのだ。そして次の瞬間、ある事に思いあたって血が逆流していた。ぼくの家には、先生に貸すような傘がなかったのだ。その当時は日本中が貧しかった。先生がいつも傘を借りる子の父親は、証券会社の重役であった。先生は注意深く、貸すことのできる子に頼んでいたのだ。

屈辱感とはこのようなことをいうのだろう。逆流してくる血の中で、ぼくは歯をくいしばった。ぼくはいつまでもその日の出来事を、くっきりとおぼえていた。今でも鮮やかに思い出せる。先生の着ていた紺色の背広まで思い出せる。それほど強烈な印象であった。ぼくの感情を支配したのは、怒りではなく恥ずかしさだった。怒りが湧いてきたのはずっとあと、高校に入ってからだった。

しかし、子どもとは、何と弱くいとけない存在なのだろうか。たとえ教師が悪い場合であっても、子どもは自分が悪いと思い込み、必死に耐えるのである。逆流してくる血の中で、恥ずかしさをこらえ、歯をくいしばっていたあの日の自分。その日のことを思うと、ぼくは自分で自分がいとおしくなる。その担任の先生への怒りはいつしか消え、今はない。善意にあふれたいい先生だったと思う。だからこそ、ぼくはよけい悲しくなる。

善意に満ちた教師が、何ということなしに、教師には痕跡さえ残らないことで実は教え子の心をその最も奥深い所で傷つける。これは悲しい出来事だ。その教師が誠実であればあるほど、その傷は重く、悲しみは深い。

私は、自分の体験をとおして、ひいき差別をすることがどれだけひどいことか分かる。だから、この非人間的なことを決してやってはいけないことだと自分の心に言い聞かせてきた。

だが、それがどれだけ大変なことか、事あるごとに思い知らされる。教師が子供たちに「ひいき差別をしない」ということは、子供たちと「かかわらない」ということではない。反対に、子供にとって価値ある教師になるためには、多くのことで、かかわりをもたなければならない。そのかかわり方も、万人に同じことではなく、多様な個別的な個性的なかかわりをもたなくてはならない。多様で個別的で個性的なかかわりを四〇名もの子供たちともちながら、なおかつ「公平であること」は、神技に近いことである。

いや「公平であること」はできるのだが、子供たちがそれを「公平であると認めること」は神技に近いことなのである。四〇人の子供がいれば、四〇人それぞれの見方がある。そして、子供は誰でもそうであるように「自分は先生にかわいがられたい」と思っているのである。

これが、子供と教師のことだけなら何とかなる。ここに保護者が登場して、「うちの子に目をかけてくれない」と不満をもつようになるとややこしくなる。いや、不満をもつだけならいい、それを他の親に話し、自分の子供にしゃべったりするとややこしくなってくる。もちろん、「自分の子にもっと目をかけてほしい」と思う保護者の気持ちは分かる。とりわけ、他に目立つ子がいるとイライラするのは分かる。保護者は誰でも、少しはそういう気持ちをもっている。

だが、「ひいき差別を絶対にしない」と誓っている私の教室で、「先生はひいきをしている」という一人の保護者と子供が存在すると、それは事件になる。だが、この事件は、あくまで教育の中で解決されなくてはならない。「しゃべり負かす」ことだけでは、何の解決にもならないからである。私は、「向山洋一は差別をしているか?」という連載を学級通信で始めた。一一回にわたり、連載したのである。

2　どのように考えるか

スナイパー　(二一六号) 一九七八年五月八日

●向山洋一は差別をしているか①

●この問題はきわめて大切なことであるので、じっくりと論じていこうと思う。問題の性質上、ただちに結論を出すのはよそう。しかし、多少、心の奥底までふみこんで考えなければいけないと考えている。A子が「B子にいじめられた」と発言した場合、ふつうはB子が差別をしたと思われがちである。だが「B子と遊ぶのはよそう」と言いふらして、差別をしていたのはA子の方であるかもしれないのである。こういうことは充分にありうる。

●したがってこの問題は多数の人間で論じていくべきであると思う。多数の方が事実関係がはっきりしてくるからである。

問題は、事実は何かということと、その事実をどのように判断するかということである。その結果、向山洋一は差別をしているということになるかもしれないし、差別をし、それを助長していたのは批判していた側であるということになるかもしれない。

「向山先生はいい先生だからそんなことをするはずはない」というのはまちがいである し、「向山先生はひいき差別をしないといっているから、そんなことするはずがない」というのもまちがいである。どれほどいい先生でも差別をする時もあろうし、口で何と言っていても事実はちがうというのは、世間にいくらでもある事だからである。

●さらに「先生は差別をしている」という子が一名であり、残りの三三名が差別をしていないといった場合、一名の子はまちがっているのではない事をも、そえておきたい。痛みを感じるのは、ふつうは少数の側なのである。少数の痛みに真実がある場合はいくらでもある。三三名対一名という形で、決して切りすててはいけないことだと思う。

●ただその場合、次のような吟味をしてみる必要はある。

(1) 先生が差別をしたと思える事実は、どのようなことであるのか？

(2) その事実から、なぜ差別をしたと判断したのか？

(3) その子が判断した基準はどのようなことであり、それはいかなる環境の下で育まれてきたのか？

(4) 以上の点を、大人であり、教育者である親と教師は、いかに分析し判断するか？

●「知らなければよかった」という事も世の中にはある。しかし、何かある出来事が起こり、それを解決するためには、すべてを知っていた方がよいと私は思う。医者がそうであるようにである。

他人を批判することは、それを一度したならば、必ず我が身にもかえってくることを忘れてはいけない。だからこそ、人間は批判、異議申し立て、などの中で成長していくのだと思う。

●ものごとを認識し、分析し、判断することは大変なことではあるが、子供たちにとって、そのような教育もまた、必要不可欠なことだ。

3　すべてが正しい人はいない

スナイパー　(二一七号)一九七八年五月九日

向山洋一は差別をしているか②

●「向山先生だって、当然悪い所もあるし、いやな所もあるし、差別してしまっている事があるかもしれない。いや、きっとあるよ」と言うと、子供はびっくりする。信じて疑わない(?)尊敬してやまない(?)その本人が自分を否定し、その証拠を並べたてるからである。

●むろん私は、自分のすべてを否定しているのではない。ある部分を否定しているのである。ついでに、野口英世の否定的側面なども話してやる。「野口英世は、学会発表の時、コッホ研究所の若手研究者があまり質問をするので(学問の世界では当然の事なのに)腹を立て、相手と交換した名刺をその場で、これみよがしに破りすてたとか、ある外国の著名な学者からの面会の申し込みに、その場で踊り狂うほどの名誉欲の強い俗物だったとか、である。

●だからといって、野口英世の仕事の価値をいささかも低めるものではないことを付け加える。

名誉欲の強い俗物だったからこそ（それが人並はずれて強かったからこそ）、あのようにすばらしい仕事ができたともいえると。人間は、このようにいくつかの面を持っているはずである。すべてによいのは〈神〉か〈仏〉か〈デーモン〉しかありえない。

封建時代は、思想・哲学が未分化であるから、みんな簡単に割り切っていた。井戸端会議式のうわさ話がこわいのは、この封建的思考に似ているためである。

●福沢諭吉は、ヨーロッパへ行った時のことを次のように書いている。

「また、党派には保守党と自由党のようなものがあって、双方負けず劣らずしのぎを削って争っているという。何のことだ、太平無事の天下に政治上のけんかをしているという。サア分からない。コリャ大変なことだ。あの人とこの人とは敵だなんといって、同じテーブルで酒を飲んで飯を食っている。少しも分からない。」

意見がちがっても一緒に仕事をする事もあるし、けんか相手でも酒をくみかわす事もある。今なら、よくある事である。しかし、百年前は、あの英明な福沢諭吉をもってしても、まるで理解できない事であったのだ。

●同じ事実に対して、同一人でさえ見方は変化することもよくある。次は芥川竜之介「侏儒の言葉」の一文である。

わたしはやはり小学時代に貝原益軒《かいばらえきけん》の逸事を学んだ。益軒は嘗《かつ》て乗合船の中に一人の書生と一しょになった。書生は才力に誇っていたと見え、滔々《とうとう》と古今の学芸を論じた。が、益軒は一言も加えず、静かに傾聴するばかりだった。その内に船は岸に泊した。船中の客は別れるのに臨んで姓名を告げるのを例としていた。書生は始めて益軒を知り、この一代の大儒の前に忸怩《じくじ》として先刻の無礼を謝した。——こう云う逸事を学んだのである。

当時のわたしはこの逸事の中に謙譲の美徳を発見した。少くとも発見する為に努力したことは事実である。しかし今は不幸にも寸毫《すんごう》の教訓さえ発見出来ない。この逸事の今のわたしにも多少の興味を与えるのは僅《わず》かに次のように考えるからである。

——

一　無言に終始した益軒の侮蔑《ぶべつ》は如何に辛辣《しんらつ》を極めていたか！

二　書生の恥じるのを欣《よろこ》んだ同船の客の喝采《かっさい》は如何に俗悪を極めていたか！

三　益軒の知らぬ新時代の精神は年少の書生の放論の中にも如何に溌剌《はつらつ》と鼓動していたか！

スナイパー（二二八号）一九七八年五月一〇日

向山洋一は差別をしているか③

●子供の日記に二行程度の返事を書いたとする（今の私にはそれ以上は無理だった）。それを「何よ、先生、日記を書かせておいて、たったこれだけの返事じゃないの」と母親が受けとるか、「全力を出して、せいいっぱいのことがこの二行なのだ」と受けとるかによって、子供の成長はすごくちがってくる。前者の方々には、そのような心づかいがなく教師ばかりせめているのだ。そうした時、子供は成長をにぶらせる。

●社会科地理のテストを続けていた、ある保護者が相談に見えたことがある。「家の子は毎日夜中まで勉強し、今日こそいい点をとってやるといって家を出ていくのにいつも点は悪い。そうした事が二週間も続き、子供がふびんでしかたがない。先生は受験する人に内容を合わせているのではないか」というものであった。受験する人に合わせた授業など考えたこともないので、多少気色ばんで説明した。そしてテストの事については「成長の前には必ず苦しい時があるのです。再び立ち上がれないまで傷つけるのはいけませんが、子供ががんばっているなら、させてみましょう。ふびんと思うこともあるでしょうけど、がんばらせてみましょう」と話し合った。まもなくその子は、いい点をとるようになり、算数の成績まで上がってきた。その時に、保護者と話せたのをよかったと思っている。

スナイパー（二一九号）一九七八年五月一一日
向山洋一は差別をしているか④

●プロの教師であると思っている私に、「子供は順番に指名してくれたらいいのに」「ほめてくれたらいいのに」と注文するのは、いささか話が逆ではないかと書いた。私は、そんなことはやっている。ほめすぎるほどだと思っている。ただし、受け取り方が悪いと実状は見えない。また、保護者が上手に利用しないと効果もうすい。

●たとえば、野坂昭如の『日々の疾走』という著書の中に次の一文がある。私は、この一文によって、野坂昭如を、プロの物書きと認めた。

「これが、ぼくの育った神戸の海、あるいは山ならば、今では往時の面影まったくとどめないにしろ、私の耳もまた貝の殻、ひびきも匂いも色もありありと三十数年前のまま、よみがえらせ得る……」

●何の変哲もないただの一文である。文の中ではさっと通りすぎる所である。だからこそ、逆にすごいと思ったのだ。文の中でさっと通りすぎる部分に、どうでもいいように入れられている言葉にである。

「私の耳もまた貝の殻」が、それなのだ。これは、実はある詩を当然頭においている。それについて、一言述べながら書き込んでいってていいのだ。

たとえば「詩人ではなくても、私の耳もまた貝の殻」というようにである。

●私なら、そうせずにはおれなかったろう。それを、あれだけさりげなく書き流すことに、プロの物書きを見たのだ。

この事を理解するには、さる一編の詩を知らねばならない。すなわち、フランスの詩人、ジャン・コクトーの「耳」である。

私の耳は貝のから　海の響きをなつかしむ　〈堀口大学訳〉

●吉行淳之介の文の中に次のような文がある。

「どんな人間でもかならずポーズをつくる、という意味のことを言ったのは、たしかボードレールだった。（中略）

たしかに気取り方の研究というものは、紳士に必要なことだ。因《ちな》みにこの文章の冒頭をもう一度、読み返していただきたい。ここで、ボードレール、という人名を出したのは、上策ではない。クチバシの黄色い学生みたいだ。それでは、どうすればよいか。自分の意見のように書いてしまうのも一案だが、それでは紳士としての嗜《たしな》みに欠ける。「『西欧の頽廃詩人』とするとますますキザになる。ま、『ある外国の詩人』とでもするのが無難であろう。」

●プロの気苦労かくの如しである。そして、私もいささか教育プロのつもりである。

4　子供の無記名アンケート

スナイパー（二二〇号）一九七八年五月一二日
向山洋一は差別をしているか⑤

●気になることがあった。女子のあるグループの動きがぎくしゃくしているのである。不自然なのである。不自然に事を策している子がいるにちがいないのだ。「あの子と遊ぶのよそうね」なんてやっている感じがするのだ。ほんのかすかな動きであるが、それが気になった。

●私は、子供たちにアンケートをとってみた。

⑴係や当番の仕事をする上で信用できる人、つきあう上で信用できる人を三名以上書いて下さい。

⑵信用できない人を三名以内で書いて下さい。

⑶人を差別する人を三名以内で書いて下さい。

⑷一緒に勉強したり、遊びたい人を三名以内で書いて下さい。

●そしてさらに次の項目を聞いた。

(5)向山先生は、授業中同じ人ばかり指しますか？　そこまでいかなくても誰か目立つような指し方をしますか？
(6)あいさつをしたり、代表になったりする時、同じ人が出ていますか？　目立つ人が出ていますか？
(7)先生は、同じ人に用をたのんでますか？
(8)先生は、ある人のことばかりほめてますか？
(9)先生は、ひいき・差別をしていますか？
子供の答えは次のとおりであった。
(5)……全員がしていない　　(8)……二名がしている。BとC
(6)……全員がなし　　(9)……一名がしている。B
(7)……一名がしている。A
●この結果を、私は子供たちに告げた。男の子たちは、湯気が出るかとばかりカンカンになっておこり、「誰だ、そんなことという奴は……」と口々に言っていた。烈火の如く怒っているという感じであった。私は「ひいき・差別をしているという人が一名でもいれば、何かの原因があるはずです。そのことを率直に言ってくれたことに感謝します。誰であるかなどは、さがさなくてもいいことです」と子供たちに言った。

●そして、「しかし、これだけでは、どういう場面で、どういう差別をしたのか分かりません。こういうことは、みんなで考えた方が事実がはっきりするのです。どんな小さなことでもいいです。先生がひいき・差別みたいな事をしてたら教えて下さい。必ずどこかであるはずです」とたのんだ。しかし子供たちは、口々に、そんな事は一つもないという。

●「たとえば、誰かに勉強のやり方を教えるのに、みんなは教室を出ていきなさい、と言ったことがありますか？」「それに似たことを一度でもしたことがありますか？」と、聞いたのであるが、「もちろん、そんなのないよ」と子供は言う。しかし私はそういうことをしたらしいのだ（後になって〝そんなことない〟となるのだが）。

●Ⓐ私は休み時間に子供を外に出す。しばしば「体力の方が大切だ。外へ出なさい」と言う。Ⓑそこへ用事である子が入ってくる。よくあることだ。Ⓒ私は「勉強してるかい？」と隅の机から声をかける。「妹はどうしてる？」などと声をかける。よくあることである。Ⓓ外へ出たはずの子供が数人廊下でグズグズしている。女の子に多い。Ⓔ教室から出て来た子に、グループの一人が「先生と何の話をしたの？」と聞く。Ⓕ

「勉強のこと聞かれたの」とその子は答える。

●よくあることである。しかし、このⒶ～Ⓕまでのことで（他に考えようがない）私がひいきしていると判断したとしたら、それはかなり異常な判断である。他に必ず原因がある。

スナイパー（二二一号）一九七八年五月一二日

向山洋一は差別をしているか⑥

●私は差別したという事実が分からないので、名入りで「(ア)向山洋一は差別をしているか？　(イ)今までに差別されたことがあるか」のどちらかを作文してもらうことにした。(イ)を入れたのは、私のことを書きたくない子がいると思ってである。しかし、全員(ア)の方を書いてきた。

●ここで、昨日のアンケートを整理しておこう。A、B、C、は別人である。それぞれ観点がちがっているのがおもしろい。先生はひいきしているか？　に対して、Bだけがしていると答え、AとCはしてないと答えている。他の項目では逆になっている。

仕事を信用してまかせられる人という問題に、高い信望を集めた子供に、XとYが

いる。クラス中から信用を集めている。しかし、AとBとCは、「XとYは差別をする、信用できない」と書いている。、

クラスの多くの子とこの三人だけが逆の反応をしているのは、注目すべき事実であった。

●問題なのは、私対A、B、Cなのか、X・Y対A、B、Cなのかはっきりと区別がついてないことである。X・Yがクラス中の信用を集め、そうした事実に対して、A、B、Cが反感を持っていることが原因ならば、不幸なのはA、B、Cである。やがて、みんなから見すてられていく。どれだけ小細工をしても、子供の世界に、ごまかしは通じない。

●すでにそうした小細工にまわりの子は気づき始めていた。他の子が日記の中でも、変だと書いている。A、B、Cのことを信用できる、信頼できると選んだ子は一人もいなかった。A、B、Cは孤立化を深めている。そのことがさらにその子たちをいらだたせる。そんな感じであった。

●さて、ここまで、A、B、Cと述べてきたが、厳格にはA・BとCの二つに分かれる。原因がちがうのである。問題がはっきりしているので、Cの方から述べてみる。

この子は次のような文を書いてきた。

「私にとっては、Xさんにひいきなどをしているようでたまらない。私には、どうしてもそんなふうにみえてしまう。初めのころや五年生のころは、そんなふうに思わなかったけれど、このごろ(六年生になって、四月中ごろから)、そんなふうに見えてしまう。Xさんをきらいというわけではないが、どうしてもそんなふうに見えてしまう。」

●問題を整理してみよう。

一、五年生の時は、先生はひいきをしていなかった。

二、六年の四月中ごろから(Xさんを)ひいきしているように見える。

三、Xさんをきらいではないが、そう見えてしまう。

●この子は、具体的には何も述べていない。そんなふうに見えてしまうと言っているのだ。

「そうじゃないよ」と、いくら私が力説しても、見えてしまうのまでどうしようもない。四月中旬からといえば、委員会活動が始まった時である。討論の授業が始まった時である。なにか? どうもピンとこない(XとCと四月中旬と私)これに共通することを片っぱしからメモをし、ついにある一つの出来事が浮かび上がった。

5　小さなすれちがいの場合

スナイパー　(二二二号)一九七八年五月一三日

向山洋一は差別をしているか⑦

●〈XとCと四月中旬と私〉この共通項を解く方程式は、かなり煩雑ではあったが、ある答えをもたらした。

私とCとCの母親との間で、四月中旬に次の出来事があった。

一、Cの勉強をみている人と会ってほしい、ついては五時ごろ家庭訪問をしてほしいとCの母親からたのまれ、私はどこでも行きますからと承知をした。

二、予定を調整して、先方の日にあわせ火曜日の五時から都合をつけCに知らせた。

三、翌々日に「金曜日にして下さい」と、Cから口頭で言われた。

四、私は、再び金曜日の予定をかえ、承知した旨を伝えた。

五、当日五時三〇分、自宅を訪問したが誰もいず、下の子が「お母さんも、Cもどこかへ行ったよ。先生上がって待っていれば」と言われたが、辞して帰った。

六、夜の七時すぎ、自宅にCの母から電話があり「アラ、勉強は他の場所でしていると言ったと思ったのに……。今まで待ってて、どうしたのかと思っていたのよ……」と言われ、「それは気付きませんで……」と電話を切った。

七、しばらくしてCから「いつか、家庭訪問をして下さいって……」と言われたので、私はかなり長文の返事を出した。要旨は次のとおりである。

八、「週のうちに二日も予定を組みかえるのは、私にとってかなり大変なことで、一カ月以上も先までひびきます。大人の約束は、その日の都合が変更になっても元にはもどらないのです。二度予定をかえたことで、私は充分礼を尽くしたと思っています。さらに、家庭訪問をたのまれた場合、私が家を訪れるのは当然のことであり、『先生気がつかなかったの?』という言葉は、私にも行き先を確かめなかったという責任の半分があるということであり、いささか礼を失した言葉だと思っています。とまれ、予定がたてにくく、六月頃でもよいというのなら、うかがいます。」

九、母親から、あやまりの手紙をもらい私も訪れることを約し、この件は終わった。

●しかし、子供から見たら(特に前記の事情は知らないのであるから)話はちがってくる。《先生はかつて、Xさんの家へ行った。しかし、私の所へ来てくれない。よって、先生は、Xさんをひいきしている》、このように考えたのにちがいないのだ。

●私は、全校遠足の時、Cをそばに呼んで以上の話をした。Cは「そのとおりです」と言って、はればれとした顔になった。

この場合、責任は私にあるのか親にあるのか、判断は読者にまかせる。しかし、原因がはっきりしていたため解決も早かった。それは子供にとっても、文句なしにいいことであった。さて次回からは、BとAについて述べる。Cの場合が陽気であり一時的であるのに対して、こちらは陰気であり構造的である。

6　子供たちの意見

スナイパー（二二三号）一九七八年五月一三日

向山洋一は差別をしているか⑧

●さて、ここらで「子供の作文」を紹介してみよう。

●男子ア「向山先生は絶対ひいきはしていないと思う。ちょっとなまい気になりますが、学級の中にこういう人がいるなんて、とうてい信じられません。しかし、現実におきたのです。いまだに信じられません。その人の正体は別にいいですが、その人がにくらしいです、すごく楽しかったクラスも、こういう事でいっしゅん暗くなって来たのです。やっぱり、その人を知りたいです。この人の考えは、まちがっていると思います。神にちかっても、向山先生はぜったいにひいきをしていないと思います。」

●女子イ「向山先生は差別をしていないと私は思う。授業中だって、できる人だけささないし、同じ人を何回もさしてない。できる人だけ、教えたりもしない。みんな同じように教えてくれるし、わからない所を聞いたりしても教えてくれる。なぜ、先生が差別をすると思えるのだろう？　わからない私には、わかるまで教えてくれる。わからない人には、わかるまで指すけど、それはわかるようにするためだと思う。」

●女子ウ 「向山先生は、ひいきをしていると思わない。授業中、同じ人ばかりあてたりしないで、いつもちがう人をあてたりする。向山先生がひいきしている所は、見たことがない。一人が悪いことをするとその人をしかるし、みんなで悪いことをすると一人残らずおこるし、みんなで遊んでいて、一人が悪いことをすると、その人は必ずおこられる。私は向山先生はひいきしているとは思わない。」

●男子エ 「向山先生と一年ちょっとつきあってきて、ひいき・差別はないと思う。五年の時、日記に〈向山先生の言った言葉だから信じます〉と書いたら向山先生の返事に〈そんなことはない〉とか〈先生に気に入られようとするいやらしさがある〉とか書いてあった。だけど、やっぱり、向山先生の言葉を今でも信じている。ぼくの知らない所ではわからない。先生は〈ひいき差別はしないようにするけど、それは次々にあらわれてくる〉といってた。そして〈なくすよう、必死の努力をする〉と、先生は言っていた。

今も先生は、『自分の悪いところをさがしたり』『差別をしているという人の考えをいっしょうけんめい考えたり』している。

そういう努力をしている先生の姿を見ていると、先生がかわいそうに思えてくる。そして、やっぱり、信用できる先生だと思ってしまう。」

●今の私は〈かわいそうに見えてくる〉ような状態であるらしいのだ、何人かの子も同じようなことを書いていた。そうした子供たちの心の動きに、今までとちがった面を見付けうれしかった。

スナイパー（二二四号）一九七八年五月一五日
向山洋一は差別をしているか⑨

●子供たちの作文を続ける。

●女子オ「私はしてないと思う。なぜなら、向山先生はいつもおこる時も、みんなの前でおこるし、一人だけよんで教えることはしない。授業中、同じ人を三回ぐらい指す時がある。その時は、その人がまちがいをしていて、やっとできるようになった時だから別にいい。

いつも、みんなに教えてくれる。国語の意見は、自分からすすんで言うのだし。なんかの時、どっかの組の子が『Xさん頭いいでしょう?』と、先生に聞いたらしいが、先生は『うちのクラスは、みんな頭がいいよ』と、言ったらしいし……。

そんなことから考えるとやっぱり、ひいきなんてしてないことになる。先生がひいきをしていると考えた人は、〈先生はあの子ばかり指して、私はぜんぜん指してくれない〉なんて思ったのだと思う。しかし、実際は、わからなかった人がわかるようになった時、指しているのだからかんちがいだと思う。」
●こういう意見、つまり、「勉強が苦手の人に多く指すの見て、そう思っているのだろう」という意見は他にもあった。実際そうとしか考えようがないのである。
●女子カ「向山先生が差別していると思ったことは、五年のころに一度ある。算数のむずかしい問題なんかだと、先生はよく、Hさん、I君、Jさんをさすので、ひいきしていると思ったことがある。
でも、その後私は、あの人たちは算数が苦手だから、できない子をなくすためにやっているんだと思った。私はそれから後は、このようなことがあってもよい方に考えている。だから私は、向山先生がひいき差別をしているとは思わない。」

7　差別シリーズへの批判

スナイパー（二二五号）一九七八年五月一五日

向山洋一は差別をしているか⑩

●ある母親からの手紙

「きょうは、不躾《ぶしつけ》なお願いをお聞き入れいただきたく、筆を持ちました。スナイパーの差別シリーズの中でA・B・Cが誰であるか、判るような書き方をなさらないようにしていただきたいのです。今、特に男の子の中で、誰であるかの詮索が激しいそうです。私の子どもは、もし名前が判ったとき可哀想だと申しています。A・B・Cも、又各々のお母さんも苦しむと思うと心配しています。このようなお願いは、『順番に当てて下さい』『二行では足りません』の類に似て、内政干渉的なものとなることを充分承知していますが、敢えてお便りすることに致しました。どうぞ、お許し下さいませ。」

●私の返事

「御用のおもむき、おことわりします（ただし、名前だけの件なら言われるまでもありません。）私の教育的判断によるものです。可哀想などという、低俗な感情で処理・解決することではありません。（申しそえれば、A・B・Cに原因があるとすれば、それがさしあたっての課題ですが…）。X・Yにもそれなりの原因はあったはずです。むろん、私にも……。可哀想なのは、A・B・Cのみではありません。」

●ある子の日記〈女の子〉

この頃、スナイパーはよく出るが、私はこのスナイパーは好きではない。〝向山洋一は差別しているか？〟この問題になのだ……。ずっとこれを書いていると、Aの子は、いつまでもドキドキして、いずれ他の人にわかってしまう。こんな時は、Aはかわいそうだ。ここまでおいつめられたら……。スナイパー（学級通信）じたいは賛成であるが、この差別とかいうのは反対である（Aさんの立場で……）。

●ある子の日記〈男の子〉

人には個性というものがある。それがどこかに表れて、思い通りいかぬこともあろう。ぼくは人間という生物にあたいするが、一〇〇％正しいと認めたわけではないし、一〇〇％まちがいと言ったこともない。しかし、言いたいことをろくに言わなかったり、証拠もなしに言うやつはどうかしている。自分の感情で合否をいってはいけない。とにかく人間というものは、かん単に決めてはいけないのだ。それが言いたかったのである。だからまた、たった一人差別をしているといった人が出てきても決しておかしくないということだ。

●さて、私はこの男の子に賛成である。人間の社会はもともと意見のちがいを前提としている。このちがった意見は、どの点からくいちがったかをはっきりさせることも当たり前のことである。そして、当然のことながら、私がまちがっている場合もあるということである。

8　解決へ

スナイパー　(二二六号) 一九七八年五月一五日

向山洋一は差別をしているか⑪

●人間はいくつもの面をもっている。人間が集う所には、必ず意見のちがいが存在する。そうした中で生きていく上で大切なことは、意見のちがいをもたらした事実は何であるかを理知的にとらえていくことだと思う。

●私は、A・B・Cのすべてがちがっているなどとは言ってない(私は、AもBもCも大好きである。私の大事な大事な教え子である。私にとっての教え子とは、たとえその子が犯罪を犯そうと、味方になり受け入れてしまう存在なのだ)。

●AとBとCが「差別をしている気がする」という判断は、どのような事実から言っているのか、それが〈事実〉かどうかを吟味しているのである。ちっとも、かわいそうなことではない。そう考えるのは、A・B・Cに失礼なことである。さらに私は、X・Yが正しいとも言ってない。高い信望があるのは事実であると言ってるにすぎない。このでも(いや、だからこそ実は)もっと基本的な欠陥をかかえているかもしれない。

点についても実はふれてみるつもりだった。

●そして何よりも、今までえらそうに述べてきた教師である私の、どこかに欠点があったのである。子供に責任があるわけがない。たとえどれほど独善的な判断であるにせよ、それが生まれてきたからには、ぼく自身に重要な欠点があったはずである。それについても詳細に論じてみたかった。

●つまり、この〈差別をしているかどうか?〉という問題をとおして、人と人との絆のこと、人間として大切なこと、一つの問題を他人ごとではなく自分のこととして、どう受けとめるか等を論じてみたかったのだ。

さらに「あの子と遊ぶのよそうよ」というような言葉は、必ず我が身にふりかかり、天にツバするものであるということも……。

●AもBもCも、すでに作文・日記の中で〈自分のまちがいであった〉ということを詳しく述べている。いかに論理的であっても、〈かわいそう〉という一つの感情において受け入れないのであれば、この問題についてはこれで打ち切ろうと思う。A・B・Cに対し〈かわいそう〉などという、他人ごとめいた感情を育てるのが私の趣旨ではない。この数日で、A・B・Cは最も成長したと断言できる。

●昔から〝雨ふって地かたまる〟という言葉がある。〝けんかして初めて仲よくなれる〟という言葉もある。A・B・Cにとっては、心の中までふみこまれるようでつらかったことかもしれない（しかし、授業中いつもとかわらずほがらかであって、しっかりしてるなと思っていた）。でも、だからこそぼくは前よりも、もっともっと、心の通い合える友人になれたような気がする。

●先生も自分の弱さを克服するよう努力しよう。君たちもまた、そうであってくれることを願う。六の一は、また一つの峰を越えた。

このように一応解決したことにはなった。AもBもCも、自分のまちがいであることを表明した。この後、前にもまして、クラスは仲よくなっていった。

だが実は、「差別シリーズ」を注意深く読んだ方なら、結の部分がいかにもあわただしいことに気が付かれただろう。後年、この時の教え子が大学生になった時に、二人から連名で「向山洋一の限界を見た」という手厳しい批判の便りをもらった。私は、このようなレッテル貼りの便りには返事を書かなかったが、一面の鋭さを含んでいる。

第7章

壮大なドラマが時には起こる

1　どうして俺だけ落選するんだ

大森第四小学校児童会の運営委員会は、四年生以上の直接選挙で選出されていた。立会演説会があり、ポスターが貼られ、新聞も発行されていた。立候補は毎回四〇名を超えていた。誰が立候補してもよかったのである。

一九七一年度までは、「運営委員会選挙」は児童会活動の花形の一つであった。当時私は教師四年目、初めての六年生を担任していた。一九七一年度運営委員会選挙結果は、四月二〇日に発表された。

立候補者総数四七名、そのうち一二名が当選である。私が担任していた六年三組は、半数の六名が入っていた。

五年後期の五名当選に続いての大量当選である。当時の私の日記には、大量当選の原因として、次のことが書かれている。

一、候補者会議を開いたこと
二、鮮明な方針を持ったこと
三、選対が活動の中心になったこと

四、クラスまわりをしたこと
五、全員が活動をしたこと

さて、後期運営委員会選挙は十月に始まった。クラスから一〇名の立候補者があって、立候補理由を検討していた学級会でのことである。ある男子が「俺、どうも変だと思うんだよ」と、ボソボソとしゃべり出した。ここから、向山学級歴代事件の中でも、最高最大のドラマが始まるのである。

その子はボソボソと次のように話を続けた。

「俺はさ、今までに三回も立候補したんだ。五年前期、後期、六年前期と、全部立候補したんだ。

みんなで作ったポスターを貼って、みんなで考えた方針をしゃべって、やってきたんだ。だけどさ、俺は一回も当選してないんだ。

どうしてだ？　みんなと同じことをやってきたのに、どうして俺だけ当選しないんだ？

それも、全部、見事に落選だぜ。分かるような気もするけどさ、だけど、何か少し変だろう。」

子供たちは一瞬、黙りこんだ。何も言えなかったのである。

私も、思いもかけぬ難題を出された感じであった。その場をとりつくろおうとすればできる。この子の日頃の不真面目さを言えば、何とかことはおさまる。これをまともに取り上げると、とんでもないことになるような予感がした。

見通しのきく常識的な解決をさせるか、どうなるか見当はつかないが本質へ突っ込んだ解決をさせるか、私はその場で判断をしなければならなかった。私は当然、見通しのない、しかしどこか心の奥底にふれているような、後者の道を選択した。これが私の生き方なのである。

この子は「同じ方針、同じポスターなのに、どうして自分だけが落選するのか」と問うているのである。「分かる気もするが、どこか変だ」と迫っているのである。子供たちは黙ったままだった。この意見が、どれくらい深刻な問題を孕んでいるのか、子供たちは分かったのである。

運営委員が選出される時、「方針」と「人物」で選ばれる。しかし「方針で選ぶのがあるべき姿ではないか人物で選ぶというのは、何なのか」とこの子は問うているのである。

よく、「人物」で選ぶという。しかし、四七名もの人間が立候補して、一回の立会演説会の中で判断される「人物評価」の中味は何なのかが問題なのである。

私は、何時間かかってもいいから、どことん話し合うこと指示した。学級会は三時間続けられることになった。

討論の中味は二つに分かれた。

第一は、運営委員会は、直接選挙で選ぶほど、特別な仕事をするのかということだった。運営委員会はなくてもいいという主張も出たが、「あった方がいい」二一名、「ない方がいい」八名、「保留」六名で否決された。代表委員会の議事運営、委員長会議などのまとめの仕事は必要だというわけである。

しかし、運営委員会を特別視する風潮には批判が続出した。とりわけ、運動会の時に「児童会本部席」がテントの中に設置されていたことは批判の集中砲火をあびた。

第二は当然の結果として「運営委員会はあった方がいい。しかし選び方を変えなくてはいけない」という問題が生じた。初めに口火を切ったのは、女子であった。

「運営委員会を、他の委員会と同じように希望、輪番によって決める。選挙はなくす」という考えを示した。これは賛否が入り乱れた。子供たちはそこまで考えていたわけではなく、この意見によって、思ってもみなかった方向を示されたからである。討論は翌日に持ち越された。一〇月五日、簡単な討論の後、採択をした。

「選挙方法による運営委員選出を廃止する」
賛成　　二二名
反対　　七名
保留　　六名

反対したのは、七名であった。運営委員を経験したことのない子供たちだった。クラスでは、廃止する方針を選択した。だが、どのようにしたら、これを廃止できるのか、いかなる手続きを経たらいいのか、子供たちには分からなかった。私も黙っていた。

2　立候補方針「運営委員会選挙を廃止しよう」

子供たちは何と、当面する「運営委員会選挙」に「運営委員会選挙を廃止する」方針をかかげて立候補したのである。とりあえず、みんなに理解してもらう方法として、「運営委員会選挙」を選んだのである。しかも、クラスに五つあった新聞社は、それぞれ「運営委員会選挙廃止」の特集号を発行して、他のクラスへ配ってまわった。紙代はカンパで集め出した。

立候補者は、クラスまわりに出かけて、その場で論争を始めたのである。

ポスターも、いつになくきれいに作られた。当然のことながら、学校中は騒然となった。いたる所で学級会が開かれ、子供たちは寄るとさわると、この話で持ちきりになった。

教師の方の反応はといえば、「とまどった」というのが当たっているだろう。見たことも聞いたこともない方針による「選挙運動」が展開され、しかも、学校中がその中にのみ込まれていったからである。

当然、私のクラスの動きに反発を示す教師もいた。職員室で「向山先生はいったい何をやっているんだ！」と怒鳴ったりしていた。この先生は五年生を担任していたが、自分のクラスでは、熱心に反対論を展開していた。

しかし、私のクラスの子供たちは、そこへも食い込んでいく。「運営委員会選挙」批判と共に「ボロ班制度」の批判まで主張をして、この先生のクラスの子を一人一人崩していった。

立会演説会でクラスの子供たちは、次々と運営委員会選挙廃止の訴えをした。九名の子がクラスから立候補していた。他のクラスの子の反応はどうだったかというと、「言っていることは分かってきたが賛成はできない」というものだった。たとえば、隣のクラスの子は次のように書いている。


〈後期運営委員の立会い演説を聞いて〉　六の二　N・A

私は、三組の人の言った中で、「運営委員だって、他の委員会と同じ委員会です。それなのになぜ選挙できめる必要があるのか選挙で決めるからどうしても、差別という問題がおきるのです。選挙で決めると、どうしてもにんきのある人、あたまのよい人がえらばれてしまうのです。だから私は、第一回代表委員会で平等な運営委員の決め方について話し合うようにてい案し、じゃんけんででも、くじびきででも、決めるようにしたいと思います。そして新しい運営委員と交代して、私たちは運営委員をおります」と、言っていた部分がありました。

そのことをこう思いました。もし、選挙で決まった運営委員がいやなら、なぜべつの決め方をして決まった人と、交代しておりなければいけないのか。そうなのならば運営委員そのものがやる気がなく、立候補したことになる。それはただ、選挙法をなくすためだけの立候補ならば意味がないと思う。運営委員をやる気があるのならば、新しい決め方を考え、そこでまた運営委員をやればいいと思う。それなのに、ただ運営委員の決め方をかえるということだけで立候補し、当選したならば、今の運営委員にへんな結果が出ると思います。

私の案（運営委員の決め方について）

今までやってきた、立合演説と自由に入るということをまぜたらどうかと思います。どうしてそう考えたかというと、前期立合演説をしてみんなにみとめられて、当選したんじゃないというような人がいました。だから、ちゃんと演説し、それがみとめられたら、自由に入るというふうにした方がいいと思います。

一〇月一一日に、選挙結果が発表された。私のクラスは四名の当選であった。一二名の中の多数派とはいえ、前期六名の当選にくらべたら、明らかな後退であった。しかし、児童会四役のうち、三役を六の三は占めることができた。

第一回運営委員会はみものであった。「ボロ班制度」のクラスから来た子が、まるで発言ができないのである。「選挙は必要だって先生が言っていた」という、先生にオンブした発言ばかりであった。しかし運営委員会で三分の一しか勢力のない「選挙廃止」派は、しばらく静観を続ける他はなかった。

この間に、この問題について職員会議で話し合いがもたれた。賛否それぞれあったが、「ともかく、子供たちに選択させてみよう。それが児童会活動の一つの本質である」ということに、意見が落ち着いた。このような状態でそのまま日が経ち、卒業準備に追われるようになってきた。その後、何も問題は進展しなかった。

3　批判の狼煙《のろし》「選挙公約を実施せよ」

停滞を、六の三の「新聞係」が破った。「運営委員会選挙廃止」公約はどうなったのかと、特集を組んだのである。つまり、六年三組の新聞係が、六年三組選出の運営委員会三役を批判し始めたのである。

次のような学級新聞を各クラスに配り始めた。

学級新聞フレンクガール　（第六号）一九七二年二月一〇日

——選挙方法　特集号——

〈私たちの敵　——ツブセ選挙方法——〉

人間ならば、みんなが同じ才能を持っているんです。努力をすれば誰もが、どこかでその力を出すんです。考えてみてください。いつか、思わぬところで、誰かが、いつもは静かな誰かが、すばらしい発言をしたりするでしょう。それはその人がそれだけの努力をしたからです。そんな誰もがもっている才能を、みんな同じように伸ばして、一人残らずすばらしい努力家にするにはどうしたらよいと思いますか？　それは差別をなくすことです。もし差別が教室の中にあれば、またみんなの心のあちこちにあったらどうなると思いますか。

たとえば、AさんとBさんが運営委員に立候補しました。Aさんはいつもみんなの人気者です。けれどBさんは、おとなしくて、びんぼうでした。おまけに顔がわるいのでいつもみんなにバカにされていました。そんなBさんでも、「これからはがんばるんだ」と思い立候補したのでした。クラスの中に、みんなの心の中に差別があれば、みなさんはAさんを選ぶでしょう。けれど〝えらぶ〟ということはいけないことだと思います。Aさんのように頭の良い、人気者の人だけが選ばれるからです。いくらBさんのように静かな人でも、心の中でどんなにかたい決心をしていたか分かりません。しかし選挙だとAさんとBさんは選ばれません。けれど、くじ引きや、あみだや、ジャンケンだと、差別はありません。立候補者のうちなら、誰もがなれるのです。

運営委員会選挙方法は、差別のかたまりです。立候補者の決意は、信じましょう。そして誰もがなれる運営委員会にしましょう。そのためには、選挙方法をみなの手でつぶしましょう。

このようなひどい選挙方法を運営委員はなぜ、はいししないのですか。私たちは、六年三組の運営委員会立候補者のあのかたい決意とひとみをみとめて、投票したのです。それなのに、運営委員は私たちの期待をうらぎるようにしているのです。だってはたから見ているところ、ぜんぜんはかどっていないようなのです。話し合っているようすは、何回か聞きました。けれど問題は結果なのです。選挙方法反対という人は一人や二人ではないんですよ。もっともっとがんばってください。

けれどやっと代表委員会までもっていきました。これからの話し合いが問題です。私たちの味方をもっともっとふやして、絶対に選挙方法をなくしましょう。そして大四小には、選挙方法なんて一つもないようにしてしまいましょう。

六―三以外のみなさんへ……

右記の考え方はもちろんクラスの考えです。賛成や反対があったら六年三組までお願いします。意見をまっています。 ――フレンクガール――

学級新聞サタディ （第六七号）一九七二年二月一二日

――選挙方法特集号――

〈私たちの敵　選挙方法をぶっつぶせ――〉

「差別」というものは、そうすぐになくなるものではありません。選挙方法をなくしたからといって、差別の全部がなくなるわけではありません。そりゃあ、全部なくなってくれればいいのだけど、そうなるには、私たちは戦い続けなければなりません。今の私たちがなくさなくても、なくせなくても、いつの世か、いつの時代にか、人間が人間である心をうけついだ人々が、次の世代から、また次の世代へと、心を伝えられた人々がそれをなくすはずです。その時代に生きゆく人々が、私たちをふりかえった時、差別をなくすために、ささやかな戦いを、ささやかな努力をした人々を遠く想いおこしてくれるでしょう。

人間の可能性をのばすために、誰でもが幸せになるために、誰でもが能力をのばすために、みんなが明るくたくましくなるために、それに少しでも近づくために、私たちは差別と戦わなければならないのです。そこで差別のある選挙方法をなくし、少しでも、前に書いてあるようにしたい。いや、ぜったいにしなければならないと思います。

人間はだれでもがすばらしい才能を持っています。でも、運営委員会が、ほかの委員会より、えらい委員会だと思っている人たちはたくさんいます。それは、選挙をするからこそ、えらいように見えるだけで、ほかの委員会とは、変わりありません。選挙をして、落選した人たちは、「やっぱり僕はだめなんだ」「私はだめなんだ」と、自信をなくしてしまう。すばらしい才能をもっていても、はずかしくて、発揮できない人もいる。選挙をするのがいやで運営委員になれない人だっていると思います。落選した人たちは、どうでもいい人たちになってしまう。人間には、どうでもいい人間はいないはず。だれでもがすばらしい才能をもっているのだから。

今までに運営委員は口ぐせのように「運営委員会選挙方法をはいしするんだ」と言っていた。そんな運営委員はそのことを実行していたのだろうか。

選挙をはいしするために立候補した運営委員。その立候補者を選んだ私たちは、ばかだったのだろうか。でも、私たちは、かたい決意をみとめ選んだのだ。ぜったいにはいしできると信じた。やっと代表委員会に持っていかれたのだ。さあ、みんなの手で、選挙方法をはいしするのだ。がんばりましょう。

再び、クラス討論が再燃した。学校中は騒然となった。

六の三の他の新聞係も特集を次々に発行した。今度は、戦術方向がはっきりしていた。

「代表委員会で選挙方法の廃止を決定しよう」というものであった。臨時の代表委員会が何回も開かれた。新聞係は、代表委員会の傍聴を呼びかけた。当然、傍聴を批判するところも出る。「傍聴」をしていいかどうかも、一つの論点となった。次にように子供たちの日記にも何回も登場した。

二月八日（火）

今日は代表委員会の議題決めの日。私たちはぼうちょうに行きました。そのことについて書きます。

私たちは選挙方法をなくしたかった。けれど運営委員にまかした。ところが運営委員はなかなか議題にもっていかない。けれどやっとBが提案した。私たちも無責任なことに忘れていた。Bが言ってからむしょうになくしたくなった。けれどぼうちょうということを考えなかった。

これはいい方法だと思って代表委員会に出席した。というか見学に行った。それがなぜいけないのだ。差別をなくすために私たちも力を入れたいから、会場へ行って拍手するのがなぜいけないのだ。もし、みんながぼうちょうして人数が多くなったら、クラスで何名って決めたり、体育館に移せばいいのだ。

私たちは私たちの意見の人をふやそうとして代表委員会に出たのだ。意見も言えないし、さい決もできないけど拍手をするだけだけど、差別をなくすために立ち上がったのだ。私たちの敵は多数だ。でも私たちは選挙方法をなくしたい。だけどぼうちょうにでも出ないと勝てない。だから行ったのだ。私は良いと思う。めいわくをかけなければ。

誰が何と言おうと反対意見を言って、説得させて選挙方法をなくそう。

二月一〇日(木)
今日はフレンクガール発行日。フレンクガールの内容は選挙のことだけど、書き方は失敗しちゃったなあと思っていたんだ。そんなことを考えているうちに三年三組の人がフレンクガールの新聞六枚ください。と言うんです。私三年三組というのはI先生だとばかり思っていたんです。I先生は、どんどん差別をするような先生だから私たちの新聞に反対意見を言うんだとばっかり思っていたんです。ちょっとこわかったけれども、反対意見が出たらバリバリ答えてやれと思っていました。とうとう三年三組の人が来ました。私ドキドキしていました。三年三組の人は一人と言ったんだけどMちゃんとKがいっしょに来ました。三年三組の教室に入るとT先生でした。だからちょっと安心しました。けれどドキドキしていました。T先生はこの新聞を書いたわけを五分間で説明してくれと言いました。私はちょっと考えてあまりむずかしい言葉を使わないように説明しました。三年生はうなずいてくれました。けれど反対意見は出ました。たぶんR君の弟だと思うけど、「もしふざけて立候補した人がいたらどうするの」ときいていました。私は「そのまえに話し合いなどを開いたり、レポートを書いてもらえばいいでしょう」と言いました。するとどこからともなく「批判すればいいじゃん」と聞こえました。私びっくりしちゃった。さすがT先生のクラスだなあと思いました。でも三年生はだいたいの人が、賛成のようでした。うれしかったな！

私の説明が終わった時「どうもありがとう」って言っていたよ……

その後、T先生は京浜教育サークルに参加した。

さて、子供たちはといえば、さらに考え続け行動した。

二月一七日(木)

一五日の日記に代表委員会のぼうちょうに行った感想を書かなきゃいけないいんだけど、忘れたので今書きます。

1　内容について思ったこと

●選挙方法反対の人の意見には、ねばり気がないと思った。たとえば四年生の人が反対意見を言う。それについて六年生は、具体的に説明してあげない。私もTさんの意見はいいと思った。それからN君が、選挙方法で差別がおきるという例を上げてくださいと言った時、Mちゃんが答えた。その答えは力強くて良いと思った。けれど最後に、私たちの意見だと言って、だから選挙方法をなくすんですとか、そんな差別のある選挙方法をなくそうって一言言えば良いなあと思った。そうすればみんなを動かせるような気がした。

●前の方にもちょっと書いたように意見の言い合いは、しぼりこまれていかない。するどい言い合いになっていかない。すぐプツッと切れてしまう。それでは、反対の人をなっとくさせられないと思った。

●四年生の意見には感心した。どうどうと反対意見をのべていた。運営委員がちょっとむずかしいことを言えば、だいたい聞いていた。もっともな意見を言っていた。六年生は、四年生のもっともな意見も分かってあげてなお、分かりやすく意見を言えば良いと思った。

2　形式を見て思ったこと

一年前よりも、いや一日前よりも、四年生の発言が多いように感じた。実さいにそうだと思う。それほど代表委員会がみんなのものになったことをしめしていると思う。私が四年の時は、代表委員なんてとても遠くにあるように思い、四年生は手を上げなかった。しかし今はちがう。運営委員の力だけではないと思う。みんなの力だと思った。

学校中で討論が展開されていた。六年生、五年生はもとより、四年生に広がり三年生までまき込んでいった。

学級新聞コンパニオン　(七二号)一九七二年二月二一日

——選挙で何故いいんだ……四年生へ……

第五回代表委員会の時、四年生の言った意見について言う。

四年生は、「だれにでもなれる運営委員なら、四年生にだってできるんじゃないか」

といった。その意見にはさんせいできる。四年生が、方針をもって、やれるというのなら、できるかもしれない（他の委員会もできる）。しかし運営委員会というのは、他の委員会と同じだ。委員会をやっているのは、五、六年だ。四年生が運営委員をやりたいというのなら、「ぜんぶの委員会も、やりたい」ということになる。

それなら「選挙方法を、はいしする」ということと別に、代表委員会にだして、「四年生も委員会をやりたい」というふうに、こうしょうした方がいいのではないか。

それから、もう一つの四年生の意見は、「総理大臣だって選挙で、決めるんだ。総理大臣は国の政治をしている。運営委員だって、学校の政治のようなものをしているんだから、選挙をしてもおかしくないんじゃないか」といっている。運営委員は、学校の政治のようなものをしているのは、確かだ。でも、運営委員は、（何回も言うようだけど）他の委員会と同じだ。運営委員会、その他いろいろ委員会がある。その他の委員会も、それぞれ仕事をしている。運営委員会だって、他の委員会だって、委員会は委員会だ。みんな仕事をしている。だから、同じだ。運営委員会も、他の委員会も同じだ。だれにでもできる。だから、総理大臣とは、ちがうんではないか。

……差別が生まれるんだよ　選挙は……。

みんなは、どう言うふうにして一二人を選んだ?

私とおなじ考えをもっていたから。信用があると思ったから。責任があると思ったから。えらばれる人はいいけれど、選挙でおちた人は、信用がないのだろうか。それとも責任がないのだろうか。

信用がある人だけが自分の能力をのばし、信用のない、選挙におちた人たちは自分のすばらしい能力をのばしていけない。差別じゃないか。あきらかに差別じゃないか。選挙をなくして差別がなくなるのだろうか、という不安な気持ちを持っている人たちが、いるかもしれない。差別がなくなるかなくならないか、やってみなければわからないじゃないか。選挙をなくしてそんはしないんだから、なくしてみるべきではないのだろうか。

上下の関係、差別、そんな問題が、あるとわかっているのにみのがしてしまうのか。みんなの目は、ふしあななのか。みても、みぬふりをするのか。

そんな問題のある中で、育っていくなんて、いやだ――い。

い、い、い、そんなことは、なくすべきだ、差別を、選挙を、……なくすべきなんだ。

〈ジャンケン法はいいかげんじゃないよ〉

ジャンケンをしてなぜだらける?

だらけるなんておかしいよ、「自分で、できる」と思って、立候補してジャンケンで、きめるんだ。どこが、だらける？　自分で方針をもって、それを実行すればいいんだ。方針をもっていればだれだって、できる。運営委員会は他の委員会と同じなのになぜ運営委員会だけがだらけちゃいけないんだ。他の委員会だってだらける時があるのにみんなそれぞれ仕事をもっていて運営と同じなのに……どうして？　どうして？　「運営委員会だけが、とくべつな仕事をしている」っていうの。そんなことはない。ぜったいにない！　ジャンケン法で、なぜ、だらける？

学級新聞コンパニオン（八〇号）一九七二年三月三日

——児童会の中心はみんななんだよ！——

第六回代表委員会の時、ある人が、

「児童会の中心になる人は運営委員会なのだから、責任をもたなくてはいけない。だから選挙をした方がいい」といっている。でもその意見はちがうと思う。

運営委員会はほかの委員会と同じ「委員会」と言う名前がついている。文字どおり「委員会」だ。それなのに前々からみんながやるべき仕事を運営委員がやっていた。運動会の司会・ちかいの言葉などそれはみんながやるべきことだった。運営委員としては無関係だ。運営委員会がやって他の委員会はやらない、運営委員がやれてみんなにやれない。

こんなことがあっていいのだろうか。運営委員は代表委員会の議事運営委員なのだから、運営委員全員が出ている。それが仕事なんだ。誰にでもできる仕事だから信用も何もいらない。他の委員会のように制限なしでやって、クラブ長会だの委員長会だのそれぞれの仕事をそれなりにやればいいんだ。だから選挙は必要ない。運営委員会だけ選挙方法なんて、えらそうに見える。そんなの差別だ!!

かくして、子供たちの運営委員の選出方法に対する様々な意見が出てきた。それぞれの意見を真剣に聞き、またさらなる考察をする姿が見られた。

4　臨時児童総会「賛成二五六　反対一八三」

代表委員会でも、すでに意見が出つくしていた。採決に入った。

賛成　二五名　　反対　一五名

過半数で、運営委員会選挙廃止が可決された。ただし、あまりにも重大な問題であるということから、臨時に児童総会が開かれることになった。

ここに、大四小児童会にとって、初めての児童総会が開かれることになったのである。児童総会は体育館で開かれた。初めに議長の選出が行われ、同数の者がジャンケンで決められた。提案書は、六年三組六年一組の共同提案であった。提案書は次のとおりである。

〈児童総会提案書〉（一九七二年　三月七日）　六の三・六の一

「提案内容」

運営委員会選挙を廃止し、他の委員会と同じように希望制とする。

〈参考!!〉　代表委員会では、賛成二五、反対一五。私たちが過半数でした。

「提案理由」

〈選挙方法から差別が生まれる!!〉

①今までのことを、考えてもわかるように、何人もの人が、運営委員に立候補している。その多数の中からたった一二人を、選ばなければならない。そんな時、みなさんは、一二人をどうやって選び出しますか？　ひとりひとりがぜんぜんちがったことを言うならば、その中から、いい方針をもった人を、選ぶことができます。しかし、一五人が同じことを言った場合どうしますか？　たぶん、いや絶対みなさんは、頭のいい人、発言を多くする人、しっかりしている人を選び出すでしょう。運営委員の仕事もだいじだけど、他の委員会の仕事だってだいじなはずです。それなのに他の委員会は、自由に入っているのです。それなのになぜ運営委員だけが選挙をしなければいけないのですか。なぜ運営委員だけが人気者ばかり集まらなければいけないのですか。差別のかたまりのような選挙は、絶対なくしましょう。

選挙は必要だというクラスの意見。いや、それは単なる人気による選択だという提案クラスの意見。この二つが入り混じった。しかも現実には、多くのクラスで選挙による選出をしている。しかし六年生だけは、何の選出でもほとんど、「立候補じゃんけん」だったのである。
一時間はあっという間にすぎた。採決の結果は次のとおりであった。
　賛成　二五八　　反対　一八三　　保留　四六
すれすれの過半数であった。私のクラスの子は、次のように圧勝すると見ていたらしい。

三月七日（火）
今日は児童会だった。選挙方法は、はいしすると決まったのはとてもうれしい。けれど残ねんだと思ったことが三つあったので書きます。
一つ、議長になれなかったこと。私、立候補してみたんだけど、後ろを見たら六―三はいっぱい手を上げているんだもん。びっくりしちゃった。そしてジャンケンをしたらみごとまけちゃった。その時、すごくかなしかった。けど考えてみれば、議長になったら、意見を言えないネ、負けて良かったかな！
一つ、新聞の力が足りなかったこと。それが今日よーくわかりました。私たち新聞社は、力を入れたつもりなんだけどみんな読んでいなかったんだもん。だって、私たちが書いたことを、わかっていなかった。たとえば、ジャンケンだって、その前にレポートを書いてもらうなり、話し合いを開くなりすればいいって書いたのに、それをしないというように「ふざけてうかったらどうするんですか」なんて言ってるんだもん。私ガックリしちゃった。そのことについては新聞でちゃんと書いてそして各クラスにくばったのになあ。私たち新聞社はなんの力も出さなかったと言うことになるのかな。とっても残ねんに思います――。

一つ、多数決でやった時、約半半だったと言うこと。多数決をとったかぎり、あっとう的じゃなくちゃだめだよね。このことは、今までの結果だから、私たちの力が足りなかったと言うことは、よーくわかりました。本当に選挙をなくしたいと思っているんなら、休み時間も必死でやらなきゃいけなかったんだよね。でもまあ、選挙がなくなったことはとってもうれしい。

半年間にわたって、学校中を大騒動にまき込んだ「運営委員会選挙廃止」問題は、大四小児童会初めての児童総会の決議で幕を閉じた。その後の職員会議では、児童総会の決議を尊重して、「運営委員会」を他の委員会と同じ希望制による選出に切り換えることが申し合わされた。

第8章

そして、別れる

1 卒業単元の検討

一月末のあわただしい中で、子供たちは何に取り組んでいたのだろうか?

子供たちがこの時期にしていたことは二つであった。社会科の調査と卒業単元の計画である。

社会科の授業は「身近にある問題」がテーマであった。

近くにある一級河川「多摩川をめぐる問題」が取り上げられ、「魚は誰のものか」「水は誰のものか」「土地は誰のものか」という三つの問題が追究されていた。

子供たちは、多摩川に出かけ、看板を次々と写しとり、建設省の出張所を訪れ資料を集め、河川のようすを調べ、昔のことを古老から取材していた。公開発表では、河川法を根拠に、「河川敷は国のものである」と主張する子供たちと、建設省の「土地測量図」を根拠に「私有地も存在する」と反論する子供たちの論争が授業の中心となった。子供たちは、自分たちで資料を集めていたのである。

さて、もう一つの「卒業単元」は、少し説明が必要である。私は、六年生を担任した三学期の授業は、かなり自由に組み立てることにしている。予定してある授業内容は、ほぼ一月で終了になる。そうすると、二月三月の間は、かなり自由になる時間をとれることになる。この期間に「私の生いたち」などの自己史を書かせるような実践もある。また、卒業文集を作る実践もある。つまりこの期間は、担任が思い思いの教育をしている場合が多いのである。

六年間でたった一回の黄金の時間帯である。六年間でこの時期だけは、比較的自由な授業が許されるのである。

私は、小学校時代最後の、そしてたった一回のこの時期の授業を、子供たちに構想させることにしている。それが「卒業単元」である。

もちろん、何もかも自由にさせるわけではない。私のやりたいこと、学校としてやらねばならぬこともある。だが、発想は全く自由なところから出発させる。班ごとに「卒業単元」の時間割をまず考えさせるのである。条件はただ一つ。「教育的価値をこじつけろ」である。「遊び」の時間ではないのである。さて、いくつかのプランをお見せしよう。

◆六班の計画

単元

A　百人一首　（平安時代の勉強）

B　多摩川へ行く　（社会科見学）

C　マンガを読む　（図画の勉強）

D　屋上遊び・バスケットボール・野球・サッカー・バドミントン・室内ゲーム・フォークダンス　（以上体育）

E　読書　（国語）

F　調理実習　（家庭科）

G　お店やさんごっこ　（社会・金銭感覚を身につける）

H　のど自慢　（音楽）

I　向山先生コンサート　（音楽）

J　昼ね　（保健体育・身体を休める）

K　同じかっこうを一時間　（道徳・忍耐の勉強）

L　おままごと　（家庭科・家庭生活の研究）

M　向山先生の生いたちの記　（社会・歴史）

N　理科、音楽、図工　（専科の先生なので、そのままにする）

週時程

土	音楽	調理実習（一週おき）／多摩川へ行く				
金	図工	図工	のど自慢	百人一首		
木	向山先生コンサート	室内ゲーム	野球	野球	向山氏の生いたち	
水	フォークダンス	音楽	百人一首	バドミントン	サッカー	
火	読書	同じかっこう	おままごと	お店やさんごっこ	昼ね	屋上遊び
月	理科	理科	マンガ	バスケ	百人一首	委員会

このような中にも、クラスの様子は反映するものである。子供たちは「百人一首」が大好きなのである。四人で机を合わせて試合をする。四〇分間で四試合するのである。一位の子は上のリーグへ上がり、四位の子は下のリーグに下がることにしている。四〇分で四試合だと、ものすごいスピードで読むことに

なるが、上位のリーグは残り札がなくなる。百枚全部覚えている子は半数を超えているのである（当時は五色百人一首はなかった）。

◆三班の計画

単元

A　百人一首　（国語の古典の勉強、反射神経を養う）

B　屋上体育　（陣取り）（人数集め）（手つなぎ鬼）

C　向山先生講演会　（お母様方をおまねきする。なお入場料一〇〇円をもらう。このお金はクラスの費用となる）

D　調理実習　（家庭科の勉強、男女ともいつかは役にたつ）

E　球技　（ドッジボール、バスケットボール、バレーボールなど）

F　難問　（算数・少しは頭を使う）

G　ミニクラブ　（クラスのクラブ）

H　一年〜三年までの算数　（中学になって困るから）

I　一年〜三年までの国語　（字が読めないと困るから）

J　合唱（向山先生の指揮で、全校をしびれさせたあの合唱を）
K　お化けやしき（忍耐力をきたえる。怪談でもいい）
L　食べもの持ち込みパーティ
M　映画（またはカセットテープ）鑑賞

週時程

土	金	木	水	火	月
音楽	図工	国語（一〜三年までの）	百人一首	脱線	理科
調理実習／持ち込みパーティー	図工	算数（一〜三年までの）	音楽	合唱	理科
	映画	百人一首	難問	屋上体育	百人一首
	映画	難問	お化けやしき	ミニクラブ	球技
		理科	球技	お茶会	講演会
				のど自慢	委員会

九つの班から計画が出され、全体で一つの案にまとめられた。私の案も半分割り込ませた。たとえば、一年からの各教科の授業である。三〇の名詩、名文の暗唱である。

友人にも来てもらっ

て授業をやってもらった。母親との会も実施した。百人一首もどっさりやった。NHKのクイズ面白ゼミナールの教科書問題作成に私が関係していたことから、教科書クイズもとりあげた。楽しい授業であった。

2　別れにあたって

「えとせとら」（一六五号）一九七七年

●別れとは、常に感傷的であり、ロマンに満ちている。もしも人の生が永遠《とこしえ》であり、幾百幾千万年も永らえるものであったら、人生は実にたいくつであるだろう。私は弱い人間だから一〇〇歳までは長生きしたいと思う。しかし二〇〇歳まで長生きしたいとは思わない。自分と共に、その人生の活動を生きてきた人々がすべて世を去り、見知らぬ他人の中で、老いの身体で生き続けていく淋しさに耐えられるほど、私の心は強くはない。何らかの仕事ができ、何らかの人と人との絆があることが、生きていくためには必要なのだ。

●子供たちと数十日で別れる。「別れがあるからこそ人の世は美しく、出逢いがあるからこそ人の世はすばらしい」と、いつも思っていたことを、卒業文集に記入した。

Mが習字の時間にやってきて、「愛あるからこそ人の世は美しい」と書いてくれという。人生の半ばを終えた三三歳の男と、これから花の人生が始まる一二歳の少女のちがいをそこに見た。

子供はいつまでも教師のものではなく、親のものでもない。そこを離れ自立していく時期が必ずくる。結婚式でそっと涙を浮かべた花嫁の父親の涙を、何度か見たことがある。女房と別れても泣きはすまい男の涙である。そんな心が痛いほど分かる年に、私もなってしまった。

●「赤ちゃんは、風邪をひいて、ハナミズを出しても、自分でどうすることもできないだろう。そういう時は、親がすすってやるんだ」「夜中に起きて、乳をやり、おしめをかえる。そうした事を、君たちは一人の例外もなくされながら大きくなってきたんだ」「きたないじゃないか」と誰かがいった。「そうだ。何のためらいもなくそうしたことができるのは、親子の間だけだ」と私は言った。シーンとした教室に、食い入るような目が光っていた。

●「自分一人で大きくなったと思いあがるんじゃない。どんなにいやだと見える親でも、そうしたことをして育ててくれたんだ。そして、それのお返しを親は何も期待していない。君たちには君たちの人生があるから、やがて自立していく時が来る。でも、その時はそうした親の愛に感謝せねば人間ではない。初めての月給袋をそっくり親に渡せというのはそのためだ。お金をあげるということじゃないんだよ。やっと一人前になって、自分でかせげるようになった、食っていけるようになったという記念なんだ」そんな話をした。

●「ボーナスは先生にだろう」誰かが言った。教室は爆笑につつまれた。「そう。これから一〇年経って、向山という担任がいたことを思い出したら、焼き鳥屋に連れて行きなさい。お金がなかったら先生が出してやるから」と答えた。

3　卒業関係行事予定表

学年通信「とんぱら」一九七二年

卒業へ、卒業へ、とまっしぐら!!　喜びや悲しみやらをつんで……。卒業関係の諸行事の予定表を、お知らせします。子供たちの育ってきた力のすべてが発揮され、高い質の活動が作られねばと思っています。

日時	名称	内容	対象	活動推進組織	実行委員立候補条件	担当教員
三月中旬迄	卒業記念制作	卒業を記念する（残す）作品の制作	六年全員	◎卒業制作実行委員会	各クラス男女各二	三浦
三月一四日㈫	卒業遠足	未定	六年全員	クラス別（集会係等）		
一六日㈭	保護者と児童のお楽しみ会	百人一首・フォークダンス等体育館	六年全員・六年保護者	◎学年集会実行委員会	実行委制限なし（最少一〇名～最多三〇名規模）（かんたんな方針案）	小出

一八日(土)	クラス解散パーティー	解散パーティーにみあう内容、演出。単なるお楽しみ会でない	六年全員各クラス	各クラス別実行委	方針案をもって立候補、制限は全くなし(各クラス別)	
二一日(火)	在校生とのお別れ会	未定(校庭か体育館で一時間程度)	全児童	五年生		特活＋五担
二三日(木)	先生・主事さんとのお別れパーティー	例年の形式を変える。パーティー形式。構想未	六年全員・教職員	◎お別れパーティー実行委員会	方針案をもって立候補、人数制限なし	向山
二四日(金)	終業式					
二五日(土)	卒業式	よびかけ作成装飾(壁面)		◎卒業式実行委員会	人数規模：よびかけ(六〜一二名)装飾(二〇〜三〇名)	林
未定	スポーツ対抗試合	対教職員、対五年生の試合				
未定	各委員会総括会議	委員会活動の総括と今後の方向	五・六年	各委員会・運営委員会		各委員会担当児活
未定	児童総会	委員会活動および諸問題の総括				

〈注意〉

実行委員には誰でもがなれ、人数制限をしないのを原則としています。しかし、今の段階で次の諸点が留意されています。

一　全員がどれかの実行委員活動（学級・学年・全校レベルを含め）をする。

二　立候補には、原則として自分なりの方針をもっていることが条件。

三　あまりにも活動不能と思われる人数の場合は、じゃんけんで調整する。

四　全員が実行委員になった段階で、さらに希望し責任をもつなら一人で二つをすることもありうる。

実行委員会が、活動の中心として推進しますが、活動をするのは全員です。やり切れますかどうか。私たちはできるとふみました。質の高い活動内容を創り出せるだろうと……。

〈三月一六日、保護者との学年集会は、最後の保護者懇談の日です。お父さん（むりだな）もお母さんもおじいちゃんもおばあちゃんも（ぜひ）ふるって、御参加を。〉

4　贈ることば

●担任となって二年、私としては三代目の卒業生を送り出そうとしている。私を超えていく子供たちであるように、そのためにこそ、超えられるだけの価値のある教師にと、自分にむちうってきた。「何もできなかったのではないか」「子供をだめにしたのではないか」そんな想いがしきりとする。

でも、私は私なりに精一杯やった。「あの時ああしたら」とは思う。しかし、その〃あの時〃でも私は全力を尽くしていたのだ。そこが力の限界であったのだ。〃あの時〃は、やはりそれ以上のことはできなかったのだ。自分で精一杯やったと思うからこそ、自分の限界がやたらと目につく。だから、私は親たちに弁解はしない。「私は全力をあげたのです。これが私のすべてなのです。」ただ、力の足りなさは、子供たちに心からわびたいと思う。〃ごめんよ君たち！　力が足りなくて。でも先生は、先生なりに君たち一人一人のことを思い全力を尽くしたんだ。〃

●教育とは何だろうと考えた。それは一人一人の子供に次の四つを育てることだと思う。

第一にロマンがある。
第二に自分をだめと思わない。
第三に努力を持続できる。
第四に一定の学力・技能の蓄積がある。
そして、これらのことをひっくるめて、生命力の強さがあるというのだと思う。

人間だから、この四つが完全になっているなんてことはありえない。しかし、そのうちの一つでも二つでも前よりかは進歩しているとしたら、教育はその役目を果したのだと思う。

●ＰＴＡ広報誌に子供たちが未来の夢を書いている。やがて届けられることだろう。私も原稿を催促され、広報部会を開き、編集作業をしている役員さんの傍で、次の文を書いた。

「夢のない人生は寂しい。恋のない人生は侘しい。諸君とロマンを語り続けて二年。諸君の人生が、限りなく豊かであることを、心から願う。」

●跳び箱が跳べない子が跳べた時、泳げない子が泳げた時、緊張して人前ではしゃべれない子が司会をした時、体育が苦手な子が二重まわしをやった時、初めて一〇〇点をとった子がいた時、小さな声で少数意見を言った子が実は正解であった時、みんなは拍手した。何でもできると思えた子が、実は単なる知識だけで、考え方など幼稚だと見せ付けられた時、逆にさえない子があんなことを知っていると示された時、みんなはおどろいた。何回も何回もこんなことはあった。

だからこそ、六の二の子供たちは、思いあがる子もいないし、逆に自分は全くだめだと思う子もいないようになったと思っている。

●努力を持続することは大変なことだ。勉強であれ読書であれ趣味であれ、遊びであれ……。五年の時よりくらべものにならないくらい手ごたえがあるようになった。しかし私は、もっともっとそうした力を付けてやりたかった。

解説

向山洋一氏の思想に学ぶ事項が満載
――六年生担任だからこそ、できる実践があり、味わえる実感がある。

茨城県水戸市立浜田小学校　桑原和彦

Ⅰ　六年生担任には、他の学年にない心構えが存在する。

以前勤務していた学校の卒業式練習場面の事である。二〇分休みの後に練習が予定されていた。私は二年生担任。その二〇分休みは、子供をトイレへ行かせたり体育館への移動の時間に充てた。他の学級も同様だ。ところがである。六年生は、楽しそうに校庭で鬼ごっこをしていたのだ。それを横目に見ながら体育館へ次々と移動していく。体育館に着くと、在校生の席に座って始まりを待つ。練習開始ギリギリ、中には笑いながら遅れてくる六年生がいた。尊敬の念やお世話になった感動が薄れた瞬間だった。向山氏は言う。

学校全体のこともできて、しかも自分のクラスのこともきちんとしている。これでこそ六年生担任なのです。

向山氏六年生担任の時の学年主任小出先生のエピソードと、前述の卒業式場面を比べると分かる。こうした心構えを四月の学級開き（黄金の三日間）に語ることが重要である。

2　子供の知的な面を伸ばす――七〇年代にアクティブラーニングが行われていた。

向山学級の子供は大人顔負けの意見を言ったり文章を書いたりする。そのように知的な面を伸ばす方法のヒントが本書には随所に書かれている。

第一に「日記指導」である。日記は、毎日書かせる。月曜日に提出させ、赤ペンを入れてその日のうちに返す。二時間続きの専科の時間である。その時間で書けるだけの返事しか書かないことがポイントだ。そして、日記の返事には三つの段階がある。これで素地をつける。ある程度読めるレベルになったら、教師との往復書簡で鍛えていく。R・Yさんとのやりとりには引きずり込まれた。さらに、日記や作文を学級通信に掲載して、周知する。これで子供たちの知的レベルがぐっと上がる。「スナイパー」における「向山洋一氏は差別をしているか」が良い例だ。

第二に「自由な発言」である。学校中を大騒動に巻き込む「運営委員会選挙廃止問題」は本書でも重要な章だ。この中で、新聞係が書いている文章は、日記や作文、国語の分析批評などで鍛えられた文である。かなりの秀逸な文章だ。そしてこれを自由に発行させる教師の器量が支えている。クラスでの討論然り、実行委員会での発言然り、相手がだれであれ、きちんと自分の意見を言っている。論争している様はアクティブラーニングである。

3　向山洋一氏の思想に触れる。

向山氏の思想に憧れる教師は多い。私もその一人だ。本書にも数多く示されている。ぜひ、本書を機会あるたびに手に取り再読してほしい。一五の珠玉の文を紹介する。

①学級のトラブル・事件は、大切な教育の場である。誠実に、知的に、優しく対応していかねばならない。

②「リーダー」という言葉が嫌いである。いわゆる「リーダー」の選出は、すべて「クジ」か「じゃんけん」で決めた。

③「その子の個性に合った指導をする」という言葉は、一見もっともらしいが、ほとんどの場合は「能力の低い子をさらに低い位置に置きざりにする指導」であるように思える。

④立候補の時は、方針を示すことが唯一の条件であった。この「方針を示す」ことがあるから「立候補じゃんけん」システムは成長を保障されるのである。

⑤私は、のびやかでエネルギーに満ちた教室を作りたい。

⑥学校の仕事を家に持ち帰らないようにしている。仕事は、後でやろうとすると、何倍も時間がかかるものである。

⑦教師の実践記録の文に含まれている「感激」の表現が嫌いである。
⑧文学の授業は、そこに表現されていることだけを授業すればよいと思っている。作者について研究して、作品の理解を補うのは邪道であると考えている。
⑨私はどんな場でも教育の話をするのが好きである。特におしゃべりが好きである。ただ、会議は違う。会議は明確な方針と責任分担のもとに、短い方がいいと思っている。
⑩「子供を理解すること」が、学級経営の第一番目の仕事である。だが、「子供を理解すること」は、大変に難しいことだ。
⑪この反省集会こそ、向山学級のポイントである。これを上手に演出できればクラスはぐっとまとまる。重要度第一位ともいうべき場面である。
⑫私はドタンバのアクシデントが嫌いではない。そうした障害を越えることに何か充実感を感じるのである。
⑬一人一人を参加させ、一人一人の知恵を出させ、一人一人に工夫させ、一人一人の持ち味を発揮させ、一人一人が生き生きしているとき、親は心から支持してくれるのである。
⑭羞恥心の欠如こそ、私の最大の長所なのである。（そしてもちろん、最大の短所でもある。）

子どもたちの自らの成長を促す向山学級のシステム

栃木県小山市立乙女小学校　松本一樹

Ⅰ　論争を通して成長する子どもたち

向山学級の子どもたちは、さまざまな論争をすることによって、自らを成長させている。例えば、「運営委員会選挙」の廃止を掲げて立候補していった「壮大なドラマが時には起こる」の章（一五九ページ）。子どもたちは、学校中を巻き込んで、論争の場を広げていく。

このようなドラマを生む向山学級は、どのようにして形成されていくのか。私は、向山氏が、子どもたちのどんな意見にも常に真剣に向き合っているからだと考える。そして、その過程を通して、子どもたちが成長していくことが最優先とされている。もちろん、向山氏の子どもたちのどんな意見でも受け入れるだけの度量の大きさもあるだろう。日記への返事や学級通信を通して、向山氏自身の考えが、子どもたちに率直に伝えられている。子どもたちは、その返信から多くのことを学んでいる。

2　日記指導のステップ

向山氏の日記指導には、次の三つのステップがある。

① 「毎日書きなさい」
② 「長く書きなさい」
③ 「一つのことをくわしく書きなさい」(三四ページ)

この三つのステップが、具体的で明確である。この指導を継続していくことで、子どもたちの日記は、確実に変わっていく。三つ目の「くわしく」書くことについて、自分の学級のある児童は、次のように書いてきた。

「『えー。な、なんだって。』ある水曜日、学校の道徳の授業のときだった。題は「夜空——光の旅」で、先生の話があった。その話は、星の光は「何億光年」と、かかって地球に届くという話だった。そのとき、クラス全体が驚いていた。ぼくは、そのとき、驚きのあまり、頭の中が星だらけになった。(以下略)」(小六男子)

3　子どもたちが熱中する「システム」

向山学級の「移動教室」の記録は、たくさんの示唆に富む。ともすれば、その場の思いつきの指導に終わってしまい、振り返ることが少ない校外指導の記録が、指導の経過をもとに、詳細に示されているからだ。

一一五ページに、「バスの中で交代に歌う」実践が紹介されている。この実践は、子どもたちを熱中させる。ポイントは、歌っていない子も参加できる「ハンカチ回し」にある。

社会科見学の中で、バスで二時間ほど移動する機会があったので、この活動を行った。ある児童は、日記で次のように書いてきた。

「バスの中では、行ってからやりたいことを一人ずつ発表しました。その後は、カラオケをやりました。みんなの歌を聞くのが楽しかったです」

この児童にとって、バスの中でのカラオケが印象に残っていたようだ。

4「立候補じゃんけんシステム」が子どもを成長させる。

「立候補じゃんけんシステム」(一三一ページ)には、向山氏の論理的な思想が表れている。この思想を知っているのとそうでないのとでは、大きな違いがある。自分は、この思想を方針として、一貫していくことに意味があると考える。

六年生は、学校全体の行事において、常に中心となる。そのなかでも、運動会の占める割合は、大きい。その運動会の応援団長を決める機会があった。「立候補じゃんけんシステム」で決定する旨を伝え、子どもたちの立候補を促した。応援団長の責任の大きさは、どの子も分かっている。しばらくの沈黙があった。すると、一人の女の子が静かに立ち上がった。この子が、運動会の応援団長として、決定した。「じゃんけん」をすることはなかったが、立候補する子が現れたのは、これまでの「立候補じゃんけんシステム」を一貫してきたことが、この子の意欲を促したのではないかと思っている。

5「別れ」を通して、子どもたちを成長させる

六年生は、小学校との別れの学年である。向山氏は、卒業生に「別れの言葉」を贈る。「別れがあるからこそ人の世は美しく、出逢いがあるからこそ人の世はすばらしい」（一九五ページ）。この言葉を受け取る子どもたちは、向山学級での成長の日々を、自然と振り返っているのだと思う。そして、新たな道へと向山氏は、子どもたちの目を向けさせている。向山氏の指導には、子どもたち自らが成長するシステムが常に備わっている。

学芸みらい教育新書 ⓭

小《しよう》学《がく》六《ろく》年《ねん》学《がつ》級《きゆう》経《けい》営《えい》
教《きよう》師《し》の成《せい》長《ちよう》は子《こ》供《ども》と共《とも》に

GAKUGEI MIRAISHA

2016年1月15日　初版発行

著　者　向《むこう》山《やま》洋《よう》一《いち》
発行者　青木誠一郎

発行所　株式会社学芸みらい社
〒162-0833 東京都新宿区箪笥町31 箪笥町SKビル
電話番号 03-5227-1266
http://gakugeimirai.jp/
E-mail：info@gakugeimirai.jp

印刷所・製本所　藤原印刷株式会社

ブックデザイン・本文組版　エディプレッション（吉久隆志・古川美佐）

落丁・乱丁は弊社宛にお送りください。送料弊社負担でお取替えいたします。

ISBN978-4-908637-05-6 C3237

授業の新法則化シリーズ（全リスト）

書　　名	ISBN コード	本体価格	税込価格
「国語」　～基礎基本編～	978-4-905374-47-3 C3037	1,600 円	1,728 円
「国語」　～1 年生編～	978-4-905374-48-0 C3037	1,600 円	1,728 円
「国語」　～2 年生編～	978-4-905374-49-7 C3037	1,600 円	1,728 円
「国語」　～3 年生編～	978-4-905374-50-3 C3037	1,600 円	1,728 円
「国語」　～4 年生編～	978-4-905374-51-0 C3037	1,600 円	1,728 円
「国語」　～5 年生編～	978-4-905374-52-7 C3037	1,600 円	1,728 円
「国語」　～6 年生編～	978-4-905374-53-4 C3037	1,600 円	1,728 円
「算数」　～1 年生編～	978-4-905374-54-1 C3037	1,600 円	1,728 円
「算数」　～2 年生編～	978-4-905374-55-8 C3037	1,600 円	1,728 円
「算数」　～３年生編～	978-4-905374-56-5 C3037	1,600 円	1,728 円
「算数」　～４年生編～	978-4-905374-57-2 C3037	1,600 円	1,728 円
「算数」　～５年生編～	978-4-905374-58-9 C3037	1,600 円	1,728 円
「算数」　～６年生編～	978-4-905374-59-6 C3037	1,600 円	1,728 円
「理科」　～3・4年生編～	978-4-905374-64-0 C3037	2,200 円	2,376 円
「理科」　～5年生編～	978-4-905374-65-7 C3037	2,200 円	2,376 円
「理科」　～6年生編～	978-4-905374-66-4 C3037	2,200 円	2,376 円
「社会」　～3・4年生編～	978-4-905374-68-8 C3037	1,600 円	1,728 円
「社会」　～5年生編～	978-4-905374-69-5 C3037	1,600 円	1,728 円
「社会」　～6年生編～	978-4-905374-70-1 C3037	1,600 円	1,728 円
「図画美術」　～基礎基本編～	978-4-905374-60-2 C3037	2,200 円	2,376 円
「図画美術」　～題材編～	978-4-905374-61-9 C3037	2,200 円	2,376 円
「体育」　～基礎基本編～	978-4-905374-71-8 C3037	1,600 円	1,728 円
「体育」　～低学年編～	978-4-905374-72-5 C3037	1,600 円	1,728 円
「体育」　～中学年編～	978-4-905374-73-2 C3037	1,600 円	1,728 円
「体育」　～高学年編～	978-4-905374-74-9 C3037	1,600 円	1,728 円
「音楽」	978-4-905374-67-1 C3037	1,600 円	1,728 円
「道徳」	978-4-905374-62-6 C3037	1,600 円	1,728 円
「外国語活動」（英語）	978-4-905374-63-3 C3037	2,500 円	2,700 円

学　芸　を　未　来　に　伝　え　る
学芸みらい社
GAKUGEI MIRAISHA
株式会社 学芸みらい社（担当：横山）
〒162-0833 東京都新宿区箪笥町31 箪笥町ＳＫビル
TEL:03-6265-0109（営業直通） FAX:03-5227-1267
http：//www.gakugeimirai.jp/
E-mail：info@gakugeimirai.jp

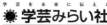